GRUNDKURS GÄRTNERN

Balkon & Terrasse

Philippe Ferret

Bassermann

INHALT

PIKTOGRAMME

- ☀ vollsonnig
- ☀ halbschattig
- ☀ schattig
- ❄ Frostbeständigkeit
- 💧 Wasserbedarf
- Wuchshöhe
- (1h) Zeitaufwand
- € mittlere Kosten
- 👁 siehe dazu auch

9 Grundlagen

Was man wissen sollte

1 Gefäße bepflan

Mit vorgezogenen, bereits blühenden Pflanzen in Töpfen ist ein Balkon im Handumdrehen verschönert. Trotzdem müssen Sie einige Grundregeln beachten, damit die Pracht dann auch erhalten bleibt.

Wann pflanzen?

Sie können eigentlich das ganze Jahr über pflanzen, ausgenommen bei Frost. Die günstigsten Zeitpunkte dafür sind jedoch:
– Februar bis April für Frühjahrsblüher,
– Ende April bis Mitte Juni für Sommerblüher,
– im Oktober und November für Herbstblüher,
– von Herbst bis Februar für Winterarrangements. Zu beachten ist, dass Frühjahrszwiebeln wie etwa Tulpen, Narzissen etc. schon im Herbst gesetzt werden müssen, z. B. gemeinsam mit zweijährigen Pflanzen.

Bepflanzen Schritt für Schritt

1. Stellen Sie jeden Topf für 15 Minuten in Wasser.

2. Nutzen Sie diese Zeit, um auf dem Boden der Töpfe oder der Balkonkästen eine Drainageschicht (Kies, Tonscherben, Blähton etc.) auszubringen. Bei Gefäßen mit Wasserreservoir ist eine solche Drainageschicht unter Umständen nicht erforderlich. Nehmen Sie eine Schale zum Mischen der Pflanzerde mit Wasserspeichergel (nur für Sommerarrangements nötig) und einem Langzeitdünger. Füllen Sie dann Ihre Gefäße mit dieser Mischung.

3. Nehmen Sie die Pflanzen aus ihren Töpfen, ziehen Sie sie dabei jedoch nicht einfach an den Stängeln heraus, sondern lösen Sie sie durch Drücken auf die Seiten und den Boden.

4. Bevor Sie die Pflanzen einsetzen, lockern Sie die Wurzelballen der einzelnen Pflanzen etwas auf. Setzen Sie sie dann so, dass zum Oberrand des Pflanzgefäßes ein Abstand von ungefähr 1 cm bleibt.

5. Bedecken Sie das Wurzelwerk der Pflanzen sorgfältig mit Erde, und drücken Sie diese etwas an. Gießen Sie reichlich.

ZUBEHÖR
2 Schalen, eine Pflanzschaufel

GUT ZU WISSEN
Füllen Sie die Töpfe und Balkonkästen bis fast an den oberen Rand (bis etwa 1 cm darunter) mit Erde, da sich diese im Laufe der Zeit noch setzen wird. Machen Sie sie jedoch nicht ganz voll, denn Sie brauchen ein wenig Platz für das Gießwasser. Besteht die Erde zu einem großen Teil aus Kompost, werden die Pflanzen über lange Zeit von den darin enthaltenen Nährstoffen profitieren können.

SOS
Wie kann man die Drainage optimieren?
Um zu verhindern, dass die Erde zwischen den Kies, die Tonscherben oder den Blähton fällt und die Drainageschicht so blockiert, kann man diese mit passenden Stücken Sackleinen oder Netzstoff abdecken, die die Erdpartikel darüber zurückhalten.

zen

2 Zwiebelblumen

Zwiebelpflanzen benötigen zum Gedeihen nicht notwendigerweise viel Erde, denn sie ernähren sich teils von ihren eigenen Reserven. Man kann somit durchaus mehrere Zwiebeln in das gleiche Gefäß pflanzen.

Wann pflanzen?

Die Zwiebeln von Frühjahrsblühern (Tulpen, Narzissen, Hyazinthen etc.) werden im Herbst, die von Sommerblühern (Dahlien, Blumenrohr, Sommerhyazinthen etc.) im Frühjahr gesetzt. Beim Kauf sollten Sie auf den Zustand der Zwiebeln achten. Sie dürfen keine verdächtigen Flecken oder Schimmel aufweisen. Auch Blattläuse sollten nicht zu finden sein. In der Hand sollten sie sich schwer und fest anfühlen und keine weichen Stellen besitzen. Nehmen Sie keine, die bereits erheblich ausgetrieben haben. Wählen Sie bevorzugt große Zwiebeln aus, da diese schöner blühen.

Pflanzen Schritt für Schritt

1. Wählen Sie ein besonders tiefes Gefäß (mindestens 20 cm). Bedecken Sie den Boden mit einer Drainageschicht (Kiesel, Tonscherben, Blähton etc.). Dann folgt eine Schicht handelsüblicher Zwiebelpflanzerde. Wenn nötig, können Sie diese noch mit grobem Sand versetzen. Stellen Sie die größten Zwiebeln aufrecht darauf, und bedecken Sie sie mit Erde.

2. Stellen Sie nun die kleineren Zwiebeln versetzt zu den großen darüber auf, und decken Sie sie wiederum mit Erde ab.

3. Andrücken. Sie können nun noch die Oberfläche verschönern, indem Sie sie mit Kies, Sand, kleinen Kieseln oder Borkenstücken abdecken.

4. Angießen.

Als Faustregel für die richtige Pflanztiefe gilt bei Zwiebeln: Doppelt so tief pflanzen wie die Zwiebel hoch ist.

ZUBEHÖR

eine Pflanzschaufel, eine Gießkanne

GUT ZU WISSEN

Für das Frühjahr können Sie aus Zwergtulpen, Narzissen, Hyazinthen und kleinen Traubenhyazinthen, Krokussen, Iris oder Balkan-Windröschen attraktive Kombinationen zusammenstellen. Schneestolz, Blaustern und Puschkinie eignen sich für diesen Zweck ebenfalls gut. Wenn Sie sich auf Tulpen und Narzissen beschränken wollen, nutzen Sie die Größenunterschiede von normal großen und Zwergformen, um besonders aufregende Arrangements zu schaffen.

Für Sommerbilder kann man Lilien mit einem Rahmen aus Sommerhyazinthen (*Galtonia candicans*), Stern-Gladiolen, Tuberosen (*Polianthes tuberosa*), blauen Brodieen, zart duftenden Freesien oder kleinen Sternen von Bethlehem umgeben.

pflanzen

GUT ZU WISSEN

Zum Pflanzen eines Strauchs oder einer Rose wählen Sie ein Gefäß mit mindestens 35 cm Durchmesser und 40 cm Höhe. Wird im Sommer gepflanzt, stellen Sie das Gefäß zunächst für etwa 10 Tage an eine etwas beschattete Stelle, wo sich die Pflanze erholen kann. Das Abschneiden der Blüten und Knospen beschleunigt diesen Erholungsprozess.

S O S

Wie pflanzt man eine wurzelnackte Rose?

Schneiden Sie als erste Maß-nahme die Zweige und alle vertrockneten oder beschädig-ten Wurzeln zurück. Wässern Sie die Rose vor dem Pflanzen gründlich, und tauchen Sie sie unmittelbar vor dem Einsetzen in eine dickflüssige Lehm-brühe, der Sie ein handelsüb-liches Bewurzelungshormon zugesetzt haben. Breiten Sie die Wurzeln sorgfältig auf dem Substrat aus, und geben Sie so viel Erde dazu, dass die Ver-edlungsstelle 5 cm hoch bedeckt ist. Angießen.

3 Sträucher, Rosen

Lassen Sie sich nicht davon beeinflussen, ob eine zum Verkauf stehende Pflanze gerade blüht oder einfach nur grün ist. Achten Sie besser darauf, dass sie schön gewach-sen ist und gesund aussieht. In jedem Fall erhalten Sie sofort einen schönen Effekt, der von Dauer sein wird, wenn Sie beim Pflanzen einige Grundregeln beachten.

Wann pflanzen?

Die in Containern verkauften Pflanzen können jederzeit gepflanzt werden, solange der Boden nicht gefroren ist und sie anschließend gut versorgt werden. Denken Sie stets daran, gegen Ende des Frühjahrs gesetzte Pflanzen den ganzen folgenden Sommer hindurch besonders sorgfältig zu wässern, damit sich ihre Wurzeln gut verankern können.

Pflanzen Schritt für Schritt

1. Stellen Sie den Wurzelballen für 15 Minuten in einen Eimer mit Wasser. Während dieser Zeit können Sie das Pflanzgefäß schon mit einer Drainage aus Kies, Blähton oder Tonscherben vorbereiten, auf die eine Lage Erde kommt. Letztere kann mit einer Handvoll Langzeitdünger versetzt werden.

2. Topfen Sie die Pflanze aus, indem Sie sie durch Drücken und Klopfen lösen und nicht etwa am Stamm herauszuziehen versuchen. Lockern Sie den Wurzelballen vorsichtig auf, sodass sich die äußeren Wurzeln lösen.

3. Setzen Sie den Wurzelballen so in das Pflanzgefäß, dass sich seine Oberfläche 1 – 2 cm unter dem Gefäßrand befindet. Decken Sie ihn mit Erde ab, und drücken Sie diese mit den Fingern an.

4. Wässern Sie reichlich.

Wenn es sich um eine Kletterpflanze oder einen Strauch handelt, befestigen Sie die Triebe an der dafür vorgesehenen Stütze.

und Kletterpflanzen pflanzen

4 Pelargonien über

Pelargonien jahrelang zu kultivieren ist nicht nur wirtschaftlich, sondern sorgt auch für besonders üppige Töpfe und Balkonkästen. Alles, was dazu nötig ist, ist ein wenig Aufmerksamkeit während des Winters.

Wann einwintern?

Bevor Minustemperaturen irreparable Schäden angerichtet haben, d. h. je nach Region meistens im Oktober oder November.

Überwintern Schritt für Schritt

1. Im Herbst, noch bevor Frost eingesetzt hat, werden die Pflanzen gesäubert. Entfernen Sie hierfür abgestorbene Triebe, verwelkte Blüten und trockenes und kränkelndes Laub. Dann werden die Gefäße in einen unbeheizten Keller, auf eine Veranda oder auch einen sauberen Dachboden gestellt, wo es frostfrei, trocken und luftig ist. Vermindern Sie die Wassergaben nach und nach auf das absolute Minimum von einmal alle 3 Wochen um die Mitte des Winters. Kontrollieren Sie die Pflanzen hin und wieder, und entfernen Sie je nach Bedarf weitere beschädigte oder krank aussehende Teile.

2. Im März werden bei Hängepelargonien die alten Triebe oberhalb des Neuaustriebs abgeschnitten, bei buschig wachsenden Pelargonien kürzt man jeden Zweig auf ein Drittel ein. Übrig bleiben sollten kleine, bodennahe Pflanzen.

3. Topfen Sie die Pflanzen aus, und entfernen Sie einen Teil der alten Erde aus dem Oberteil und den Seiten des Wurzelballens.

4. Pflanzen Sie den Ballen sofort wieder in neue Erde, die mit einem Langzeitdünger und etwas Wasserspeichergel versetzt ist. Wählen Sie dazu einen Topf, der nur geringfügig größer als der alte ist. Gießen Sie wieder wie gewohnt, und stellen Sie die Töpfe hell auf.

ZUBEHÖR
eine Gartenschere, eine Gießkanne

GUT ZU WISSEN
Man kann Hängepelargonien auch an einem Spalier ziehen, um eine kahle Wand zu begrünen. Befestigen Sie das Gerüst dabei gut im Pflanzgefäß, sodass Sie bei Bedarf beides gemeinsam bewegen können.

SOS
Meine Pelargonien werden immer schwächer!
Nutzen Sie die Stecklingsvermehrung, um Ihre Pflanzen zu verjüngen. Schneiden Sie dazu im März oder August/September Kopfstecklinge. Entfernen Sie die meisten Blätter am Ansatz, und schneiden Sie die Stecklinge knapp unter einer Verzweigung. Pflanzen Sie sie in kleine Töpfchen in eine Mischung aus Sand und Torf zu gleichen Teilen, und halten Sie diese feucht. 6 Wochen später kann umgetopft werden.

wintern

Pelargonien überwintern 13

5 Balkonpflanzen

Blühfreudige Balkonpflanzen können uns über Monate hinweg unablässig mit ihrer Blütenpracht erfreuen. Damit sie sich dabei nicht verzehren, muss man sich regelmäßig um sie kümmern, da ihnen nur wenig Erde und Platz zur Verfügung stehen.

Wann muss man pflegen?

Während der gesamten Wachstumsphase, d.h. von Mai bis September, muss geschnitten, gedüngt und gewässert werden.

Pflegen Schritt für Schritt

1. Entfernen Sie regelmäßig, am besten einmal pro Woche, alle verwelkten Blüten und Blätter mit einer Schere.

2. Halten Sie sich stark ausbreitende Pflanzen in Schach, indem Sie die Triebe einkürzen. Hierdurch wird die Pflanze zum Verzweigen und einen kompakteren Wuchs angeregt.

3. Lockern Sie gelegentlich die Erde auf, wenn die Pflanzen nicht die gesamte Oberfläche bedecken; Sie können diese Flächen auch durch Auslegen von kleinen Kieseln, Rindenmulch, Sand, Muschelschalen etc. verschönern.

4. Gießen Sie regelmäßig, im Hochsommer alle 1 bis 2 Tage. Sie können auch ein automatisches Tropf- oder anderes Bewässerungssystem installieren, was vor allem dann praktisch ist, wenn Sie häufig abwesend sind. Düngen Sie einmal pro Woche mit einem Flüssigdünger.

Beachten Sie beim Düngen unbedingt die Dosiervorschriften des Herstellers: Ein Zuwenig ist nutzlos, ein Zuviel gefährlich für die Pflanzen. Eine ausgetrocknete Pflanze darf nie gleichzeitig gegossen und gedüngt werden! Warten Sie mit dem Düngen, bis sie sich wieder erholt hat.

ZUBEHÖR

eine Schere, eine Handharke, eine Gießkanne

GUT ZU WISSEN

Achten Sie während der regelmäßigen Pflege gleichzeitig auf etwaige Krankheitsanzeichen bzw. einen Schädlingsbefall. Gießen Sie möglichst nicht auf die Blätter, da dies Pilzinfektionen begünstigt, vor allem bei halbschattiger Lage. Gießwasser kann auch die Blüten beschädigen, da die Kronblätter meistens recht zerbrechlich sind.

SOS

Wie wässert man richtig bei Pflanzgefäßen mit Wasserreservoir?

Lassen Sie die Erde ein paar Tage abtrocknen, bevor Sie den leeren Vorratsbehälter wieder auffüllen. Hierdurch vermindert man das Risiko von Wurzelfäule. Das Düngen kann entfallen, wenn dem Vorratswasser ein Flüssigdünger beigemischt oder die Erde mit einem Langzeitdünger versetzt wurde.

pflegen

GRUNDLAGEN

6 Die Kunst des

Das richtige Gießen ist eine unverzichtbare Voraussetzung für das Überleben der Pflanzen in Töpfen und Balkonkästen. Zum einen ermöglicht es neu gesetzten Pflanzen das Erholen, zum anderen sorgt es für fortgesetztes und gesundes Wachstum.

Wann gießen?

Es muss gegossen werden, bevor die Erde ausgetrocknet ist. Wenn Sie auf das Gefäß klopfen, erhalten Sie einen Ton, den Sie mit etwas Erfahrung zum Einschätzen des Feuchtigkeitsgehalts nutzen können. Überprüfen Sie die Feuchtigkeit alle 3 Wochen im Winter und jeden 2. Tag im Sommer.

Gießverfahren

1. Das Gießen mit der Gießkanne ist die ebenso klassische wie bewährte Methode. Im Sommer sollte man zweimal hintereinander gießen, um eine bessere Durchfeuchtung zu erzielen. Wässern Sie also erst einmal alle Pflanzen, und fangen Sie dann noch einmal von vorne an.
Auch wenn Sie düngen müssen, ist genau das die beste Vorgehensweise: Gießen Sie zunächst einmal alle Pflanzen, und bringen Sie mit der 2. Wassergabe den Dünger aus. Dünger sollte nie auf trockene Erde gelangen!

2. Töpfe und Balkonkästen mit Wasserreservoir sind sehr praktisch, denn sie ermöglichen Ihnen größere Gießabstände. Andererseits wird die Kontrolle des Feuchtigkeitsniveaus eher schwierig, wenn Ihre Pflanzen auch von Regen erreicht werden. Verwenden Sie daher diese Art von Pflanzgefäßen nur für Stellen, die nicht dem Regen ausgesetzt sind. Generell gilt: Sowie Ihnen die Erde zu feucht erscheint, zögern Sie nicht, den Wasservorrat auszuschütten!

3. Das Wässern mit einem Tropfsystem ist sehr praktisch, wenn Sie viele Töpfe zu versorgen haben. Dieses wird über einen Schlauch an einen Wasserhahn angeschlossen und besteht aus einem Reduktionsstück und einem weiteren Hauptschlauch, von dem weitere Schläuche abgehen, die zu jeder einzelnen Pflanze geführt werden. Es empfiehlt sich, die Anlage möglichst geradlinig zu verlegen, also z. B. rund um den Balkon herum. Für dieses Bewässerungssystem sollte natürlich ein Wasserhahn auf dem Balkon zur Verfügung stehen.

ZUBEHÖR

eine Gießkanne,
ein Tropfsystem

GUT ZU WISSEN

Stehen Ihre Pflanzen auf Untersetzern, in wasserdichten Übertöpfen oder Trögen, achten Sie darauf, dass darin kein Wasser stehen bleibt, das die Wurzeln Ihrer Pflanzen ertränken und sie dadurch ernsthaft gefährden kann.

S O S

Meine Pflanzen sind fast vertrocknet!
Gießen Sie sie jetzt reichlicher und häufiger. Erholen sich die Pflanzen nicht, schneiden Sie sie bis ins Holz bzw. auf die noch sattgrünen Teile zurück. Durch die Verminderung der Blattmasse erhöhen sich die Überlebenschancen, wenn Sie nun wieder in Maßen gießen. Zusätzlich sollten Sie die Pflanzen an einen schattigen Platz stellen, der windgeschützt ist.

Gießens

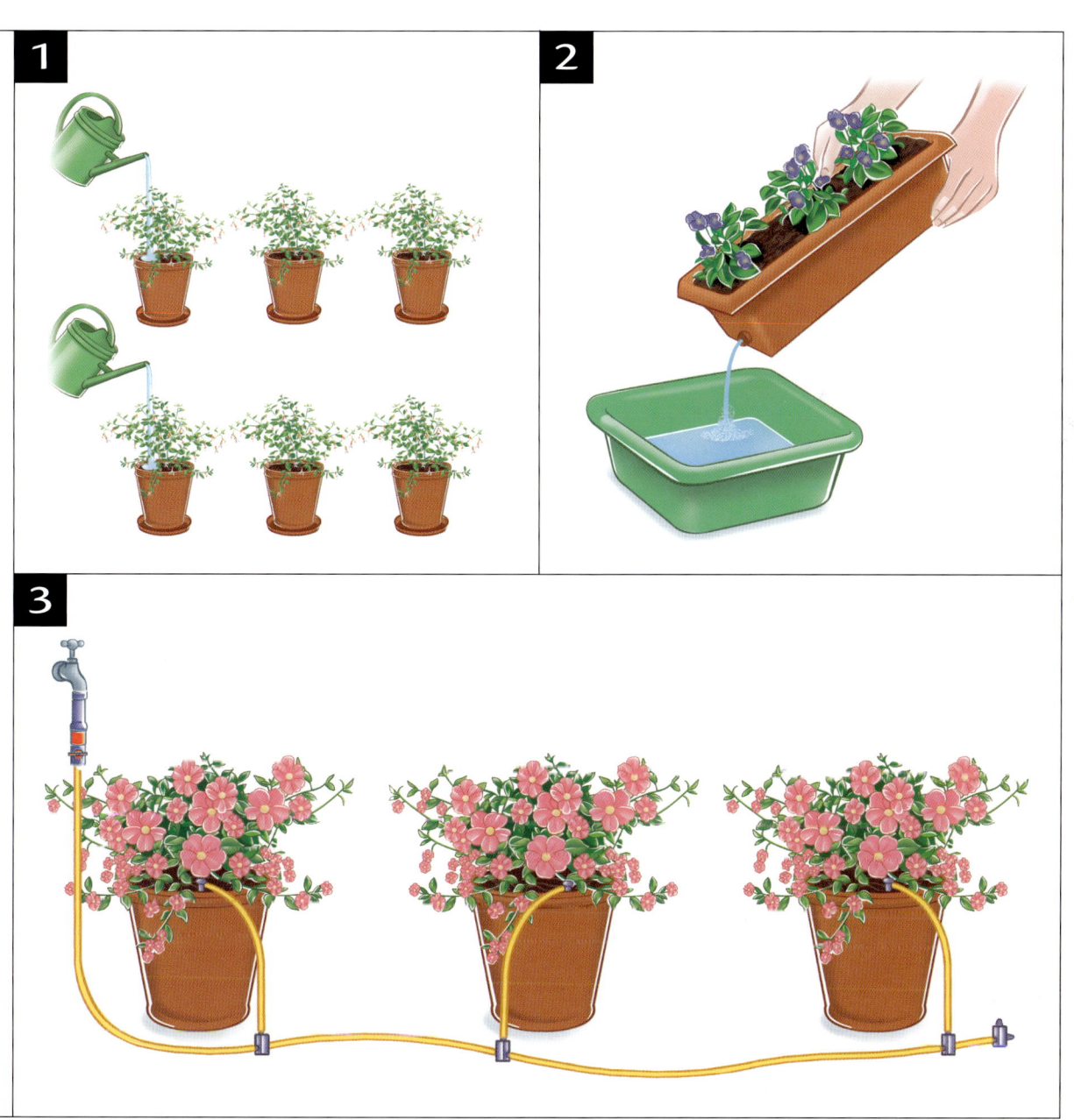

7 Rosen schneiden

Wie eine Rose blüht, hängt teils von ihrer Größe ab. Ihr fortgesetztes Wachstum dient der Erneuerung, und aus diesem Grunde erscheinen neue Knospen nie an den bereits verholzten Teilen. Man sollte die Pflanze also dazu veranlassen, ständig neue Triebe zu bilden.

ZUBEHÖR

eine Gartenschere

GUT ZU WISSEN

Geben Sie Ihren Strauchrosen im Herbst eine „angemessene" Größe, indem Sie alle Zweige um ein Drittel einkürzen. Dadurch werden die Büsche auch weniger windanfällig. Sammeln Sie gleich das auf dem Boden liegende Laub ein. Die toten Blätter sind ein Nährboden für Krankheitserreger und dienen Schädlingen als Überwinterungsquartiere, die sie im kommenden Frühjahr verlassen, um sich erneut auf den Pflanzen auszubreiten.

SOS

Wie schneidet man eine Hochstammrose?

Eine Hochstammrose kommt in einem großen Topf am besten zur Geltung. Hier muss sie jedoch gut gestützt werden. Da sie nur wenig Bodenfläche für sich beansprucht, kann der Freiraum für andere, niedrigwüchsige Pflanzen verwendet werden. Für das Schneiden nach Beendigung der Winterruhe gelten die gleichen Regeln wie für Strauchrosen.

Wann schneiden?

Öfterblühende Rosen, die von Mai bis Oktober durchgehend blühen, werden nach dem Winter, zwischen Januar und März, geschnitten, wenn nicht mehr mit Frost zu rechnen ist.

Rosen, die nur einmal im Jahr blühen, werden nach der Blütezeit geschnitten. Dieser Zeitpunkt ist davon abhängig, wann die betreffende Rose genau blüht. Die Art des Rückschnitts richtet sich nach dem Rosentyp (Zwerg-, Strauch- oder Kletterrose).

Schneiden Schritt für Schritt

1. In jedem Fall müssen Totholz, kranke Zweige und solche Triebe entfernt werden, die in der Mitte der Rose durcheinander wachsen, das Erscheinungsbild stören und sich gegenseitig behindern.

2. Bei Miniatur-, Zwerg- und Bodendeckerrosen werden alle Triebe um ein Drittel eingekürzt.

3. Bei Strauchrosen sollten maximal 5 Haupttriebe erhalten bleiben, die man über dem 3. Auge (dem ruhenden Ansatz eines Austriebs) abschneidet. Am besten eignet sich dazu ein nach außen weisendes Auge.

4. Kletterrosen sollten durch Herausnehmen der ältesten Triebe so ausgedünnt werden, dass lediglich 3 oder 4 Haupttriebe stehen bleiben und die Pflanze dadurch verjüngt wird. Kürzen Sie die Seitentriebe ein, und befestigen Sie sie dann so an der Kletterhilfe, dass sie genügend Raum zum Ausbreiten haben. Durch die konzentriertere Verteilung der Pflanzensäfte setzt ein verstärktes Wachstum ein, das Ihnen eine reiche Blüte bescheren wird.

8 Sträucher schneid

Sträucher werden für den Balkon ausgewählt, weil sie entweder viel zur Blütenpracht oder durch ihr farbiges Laub zum Gesamtbild beitragen. Sie klein zu halten ist wegen des begrenzten Raumangebots von erheblicher Bedeutung.

Wann schneiden?

Im Frühjahr blühende Sträucher wie Forsythien, Zier-Johannisbeeren, Japanische Scheinquitten etc. bringt man gegen Ende Mai/Juni in Form.

Im Sommer und Herbst blühende Pflanzen werden im Februar oder März geschnitten.

Schneiden Schritt für Schritt

1. Schneiden Sie beschädigte, vertrocknete oder kranke Blätter tragende Zweige im Winter ab.

2. Nach Beendigung der Blüte wird der Strauch dadurch in Form gebracht, dass die ältesten Triebe, die abgeblühten Zweige sowie störende Äste herausgeschnitten werden, die die Mitte des Strauches verstopfen. Bei jedem dieser Triebe sucht man dazu ein neues Auge im untersten Bereich und schneidet direkt darüber ab. Die ältesten Haupttriebe sollten dabei so dicht wie möglich über dem Boden abgeschnitten werden, damit der Austrieb neuer Zweige begünstigt wird.

3. Die überall am Fuße von Sträuchern erscheinenden Wurzelschosse werden möglichst direkt an ihrem Ansatz unter der Erde abgeschnitten, denn sie führen letztlich nur zur Verunstaltung des Strauches.

4. Nach dem Rückschnitt sollte der Strauch wieder eine ansprechende Gestalt mit gut verteilten Haupttrieben aufweisen.

ZUBEHÖR

eine Gartenschere

GUT ZU WISSEN

Nach Ende des Winters sollten manche Sträucher bis auf ein paar Zentimeter über dem Boden bzw. knapp oberhalb der ersten Verzweigung zurückgeschnitten werden. Dazu gehören z. B. Bartblume, Fuchsien, Rispen-Hortensie, Japanischer Spierstrauch (*Spiraea japonica*) wie auch die kletterfreudige Amerikanische Trompetenwinde (*Campsis radicans*). Sie alle blühen nur am neuen Holz, das durch diese Maßnahme gefördert wird. Bei Flieder ist die richtige Höhe die, bei der man die Blüten gut erreichen kann.

SOS

Ein Zweig meines buntlaubigen Strauches ist wieder grün geworden!
Sie werden ihn direkt am Boden oder am Ansatz zum Haupttrieb abschneiden müssen, denn es handelt sich um einen Seitentrieb, der zum natürlichen Aussehen zurückgekehrt ist. Es kann passieren, dass dies an der ganzen Pflanze auftritt und so die buntblättrige Sorte zunichtemacht.

en

9 Schädlinge und

Balkonbepflanzungen ohne Krankheiten und Schädlinge sind selten, und man neigt schnell zu drastischen Lösungen. Heute findet man jedoch in den Gärtnereien eine große Auswahl an gebrauchsfertigen Spritzmitteln, die überaus praktisch sind und zur Wiederherstellung der Balkonpflanzenpracht ausreichen.

Wann behandeln?

Während der Wachstumsphase von Mai bis September sollten Sie ein waches Auge auf alle Veränderungen haben. Danach besteht kaum noch Bedarf. Sehen Sie von einer vorsorglichen Behandlung ab, denn diese schwächt die Pflanzen nur unnötig.

Achten Sie auf den Wetterbericht, bevor Sie zur Spritze greifen. Die Vorhersage sollte wenig Wind (am günstigsten ist hier die Zeit am frühen Morgen und späten Abend) und keinen Regen während der nächsten 24 Stunden versprechen, der das Mittel einfach wegwaschen und wirkungslos machen würde.

Bekämpfen Schritt für Schritt

1. Klären Sie, ob es sich auf den Blättern um Rost (ockerfarbene Flecken), Rußtau (schwarze Stellen) oder Echten Mehltau (pelzig weißer Belag) handelt. Blattläuse zeigen sich als kleine schwarze oder grüne Insekten und Schildläuse als Anhäufungen weißer, hartschaliger Erhebungen speziell in den Blattachseln.

2. Beachten Sie die Anwendungsvorschriften sorgfältig, vor allem was Abstände und Einwirkzeiten angeht! Besprühen Sie die Blattunterseiten gleichmäßig.

3. Behandeln Sie die Blattoberseiten auf die gleiche Weise.

Geben Sie immer solchen Produkten den Vorzug, die so umweltverträglich wie möglich sind.

Krankheiten bekämpfen

1 Rost · Rußtau · Echter Mehltau · Blattläuse · Schildläuse

2

3

DER JAHRESKALENDER

Alles, was in den einzelnen Monaten zu tun ist

DER KULTURMASSNAHMEN

Im 🌷 Frühjahr
Erledigen

März

Pflanzen	Zwiebeln von Lilien, Anemonen, Ranunkeln, zweijährige Pflanzen
Vermehren	Schneeglöckchen teilen.
Säubern	Regelmäßig die verwelkten Blüten der Zweijährigen entfernen.
Wässern	Alle Pflanzen gießen, wenn es nicht regnet oder wenn sie unter einer Überdachung stehen.
Schneiden	Schneiden Sie alle im Sommer und Herbst blühenden Rosen und Sträucher.
Bekämpfen	Beobachten Sie Ihre Pflanzen in den Töpfen und Balkonkästen, und handeln Sie schon bei den ersten Symptomen.
Umtopfen	spät ausgesäte Pelargonien, Buntnesseln etc., frostempfindliche Pflanzen wie Wandelröschen, Engelstrompeten etc.
Düngen	
Sonstiges	Stellen Sie die Kletterhilfen für die Kletterpflanzen auf.

Zu beachten

- Lassen Sie sich nicht zu Spontankäufen verleiten, und setzen Sie keine einjährigen Pflanzen (Fleißiges Lieschen etc), bevor in Ihrer Region nicht die Spätfröste vorbei sind.

- Versuchen Sie gar nicht erst, abgeblühte Zwiebeln von Hyazinthen und Tulpen zu erhalten; Sie verschwenden damit nur Zeit und Platz.

- Planen Sie vorausschauend, wenn es um Strauch- und Kletterpflanzen geht. Ein Bodenvolumen von 30 cm³ ist das absolute Minimum.

In Blüte

- Forsythie
- Gänseblümchen
- Garten-Stiefmütterchen
- Hyazinthe
- Iris
- Kissen-Primel
- Narzisse
- Tränendes Herz
- Tulpe
- Vergissmeinnicht

26

April	Mai
Ziergräser und frostempfindliche Stauden, frostempfindliche Kletterpflanzen, Rosen, Kräuter	Dahlie, Stern-Gladiole, Schopflilie, Einjährige und frostempfindliche Pflanzen. Schließen Sie die Bepflanzung von Töpfen, Balkonkästen und Hängekörben ab.
Teilen Sie Stauden.	Teilen Sie Primeln und Ziergräser.
Töpfe und Kästen, bevor sie mit neuer Erde für die Sommerpflanzen gefüllt werden.	Entfernen Sie regelmäßig verwelkte Blüten.
Neuanpflanzungen	Beobachten Sie den Feuchtigkeitsgrad aller Anpflanzungen. Installieren Sie eine automatische und steuerbare Bewässerungsanlage (Tropfsystem).
Erika nach der Blüte, Buchsbaum und Formschnittgehölze	
Beobachten Sie Ihre Pflanzen in den Töpfen und Balkonkästen, und handeln Sie schon bei den ersten Symptomen.	
	im Sommer blühende Zwiebelpflanzen (Blumenrohr, Dahlien, Begonien etc.)
Bringen Sie Langzeitdünger aus.	Bringen Sie Langzeitdünger aus.
Verteilen Sie Wasserspeichergel.	Verteilen Sie Wasserspeichergel.

Im Frühjahr erledigen ⤸ 27

März *Beispiele* | **ZUBEHÖR:** eine Pflanzschaufel, eine Gießkanne

1 bis 2 Euro
pro Topf
5 Euro für
10 Zwiebeln

Blütenpracht im Erdbeertopf

Ein großer, schöner oder auch skurriler Erdbeertopf, der bunt bepflanzt ist, kann bereits ausreichen, um eine Terrassenecke zu beleben.

Welche Pflanzen?

① Garten-Stiefmütterchen (4 Töpfe): Mit ihren großen Blüten bieten diese Zweijährigen von Mitte Februar bis Juni ein ununterbrochenes Farbenfeuerwerk. Die ersten Blüten neuer Pflanzen können schon im Herbst erscheinen.

② Ein Vergissmeinnicht: Blaue, rosa oder weiße Blüten sorgen für eine anhaltende Blütenpracht.

③ Tulpe 'Abra' (6 Zwiebeln): Dank ihrer geringen Höhe sind sie nicht anfällig für Windbruch und brauchen keine unschönen Stützen.

Wie wird's gemacht?

Der Aufbau dieses Arrangements beginnt schon im Oktober, wenn die Tulpenzwiebeln in die Erde müssen. Wenn Sie diesen Zeitpunkt versäumt ha-ben, können Sie auch auf vorgezogene Pflanzen aus der Gärtnerei zurückgreifen. Sie haben dadurch ein sofortiges Ergebnis, jedoch sind die Kosten dann etwas höher.

1. Vergewissern Sie sich, dass der Behälter ein Abflussloch im Boden hat.

2. Bedecken Sie den Boden mit einer Drainageschicht aus Blähton. Füllen Sie dann bis oben mit Erde auf.

3. Bestücken Sie die einzelnen Pflanztaschen des Erdbeertopfs mit unterschiedlichen Pflanzen. Fangen Sie dabei unten an.

4. Reservieren Sie die obere Öffnung für die Tulpen. Sie sind die höchsten Pflanzen und benötigen eine gewisse Pflanztiefe. Setzen Sie die Zwiebeln ungefähr 10 cm tief.

5. Gießen Sie reichlich an.

Und dann?

Entfernen Sie die Pflanzen Mitte Mai, und setzen Sie dann verschiedene Petunien.

€
3 bis 4 Euro
pro Pflanze

(1h)

Ebenso hübsch wie gesund

Ein einfacher Erdbeertopf wie dieser lässt sich schnell in eine lebende Skulptur aus Gewürz- und Heilpflanzen verwandeln, die ebenso hübsch wie gesund ist.

Welche Pflanzen?

① Ein Thymian (*Thymus* 'Silver Posie'): Dieser wird in eine der seitlichen Pflanztaschen gesetzt, da er dem Ganzen Volumen verleiht. Sein feingliedriges Laub duftet aromatisch und ist fein weiß gefleckt.

② Ein Majoran (*Origanum majorana*): Die wuchsfreudige Gewürzpflanze hat duftendes Laub, das an Pizza erinnert.

③ Ein Gold-Oregano (*Origanum vulgare*): Das ebenfalls duftende Gewürz bildet herrliche Büschel aus abgerundeten, gelbgrünen Blättern.

④ Ein Schopf-Lavendel (*Lavandula stoechas*), der ein süßliches Parfüm und originelle Sommerblüten mit violetten Brakteen einbringt.

⑤ Ein Estragon (*Artemisia dracunculus*), der schönes, offenes Laub mit einem Hauch von Gold hat und einen Geruch verströmt, der unerwünschte Insekten fernhält.

Wie wird's gemacht?

1. Diese Pflanzen sind sonnenliebend und brauchen eine gut durchlässige Erde.
2. Platzieren Sie die voluminöseren Pflanzen im oberen Bereich und die kleineren in die seitlichen Pflanztaschen.

Gut zu wissen

Seien Sie mit Minze vorsichtig, denn diese kann alles überwuchern! Pflanzen Sie sie eher separat in frische Erde. Im Gegensatz zu Thymian und Lavendel mag sie keine trockene Umgebung.

Grundlagen
Gefäße bepflanzen S. 6
Die Kunst des Gießens S. 16
Porträts
Lavendel S. 86
Glossar
Drainage S. 101
Duftlaubpflanze S. 101
Erde S. 102

Im Frühjahr erledigen ✑ 29

KALENDER

April | *Im Handumdrehen* | **ZUBEHÖR:** eine Pflanzschaufel, Stützen, eine Gießkanne

20 Euro · 1h

Eine Clematis im Topf

Was kann diese Clematis florida 'Sieboldi' noch an Eleganz übertreffen? Nachfolgend ein paar Ratschläge, wie Sie diese temperamentvolle Kletterpflanze am besten bändigen.

Welche Sorten?

Wählen Sie eine der mäßig schnell wachsenden Sorten wie 'Piilu' (rosa/lila), 'Multiblue' (blau, gefüllt und gekräuselt), 'H. F. Young' (blaue, große Blüten) oder 'Asao' (rosa/karmesinrot).

Wie wird's gemacht?

1. Nehmen Sie einen 35 × 35 × 35 cm großen Topf mit großem Abflussloch im Boden.

2. Verteilen Sie auf dem Boden eine Drainageschicht aus Kieseln, Tonscherben oder Blähton und darauf eine Schicht einer nährstoffreichen, gut durchlässigen Erde.

3. Stellen Sie den Wurzelballen der Pflanze waagerecht darauf, und füllen Sie mit Erde auf.

4. Stecken Sie die Stützen in die Erde.

5. Andrücken und reichlich angießen. Stellen Sie den Topf nicht in einen Übertopf oder Untersetzer ohne Ablauf.

Und dann?

Nachdem sich die Pflanze erholt hat, können Sie die Erdoberfläche mit Mulch, Kieseln, Kies oder Ähnlichem verschönern. Wässern Sie im Sommer dreimal wöchentlich. Stellen Sie den Topf so, dass die Triebe der Clematis in der Sonne stehen, der Topf aber beschattet ist. Schneiden Sie die meisten Triebe nach jedem Winter um etwa 15 cm zurück, und geben Sie dann auch einen organischen Dünger. Ein Umtopfen ist alle 2 Jahre erforderlich.

3 bis 4 Euro
pro Topf

Blumenpracht für den Schatten

Um einen schattigen Balkon oder eine schattige Terrasse zu begrünen, muss man entsprechende Pflanzen auswählen, um die erwünschte Farbenpracht zu erhalten.

Welche Pflanzen?

① Knollenbegonien 'Non Stop' in Rot und Rosa (3 Töpfe): Topfen Sie diese ab Anfang März ein, und stellen Sie sie an eine geschützte, warme Stelle. Ab Ende April können sie dann im Balkonkasten nach draußen.

② Harfensträucher wie der *Plectranthus ciliatus* 'Royal Duck' (2 Töpfe): Diese Pflanzen mit ihren samtigen, gewellten Blättern mit creme- oder rosafarbenen Rändern bringen ein exotisches Flair ein.

③ Fuchsien 'Swingtime' (4 Töpfe): Ungeachtet des Schattens bilden Fuchsien je nach Sorte kompakte Büschel oder Kaskaden und blühen unaufhörlich den ganzen Sommer über.

Wie wird's gemacht?

1. Stellen Sie die Wurzelballen für 20 Minuten in klares Wasser.
2. Verteilen Sie eine Drainageschicht auf dem Boden des Balkonkastens.
3. Die genannten Pflanzen reichen für einen Balkonkasten von rund 40 cm Länge. Verwenden Sie eine reiche, aber lockere Erde, und versetzen Sie sie gleich mit einem Langzeitdünger und Wasserspeichergel.
4. Setzen Sie zuerst die Fuchsien, dann die Begonien und schließlich die Harfensträucher dazwischen.
5. Gut angießen.

Und dann?

Im Herbst werden die Begonienknollen ausgegraben und trocken, luftig und vor Frost geschützt gelagert, damit sie im nächsten Frühjahr erneut gepflanzt werden können. Die Fuchsien und die Harfensträucher kommen in eigene Töpfe. Auf einer mäßig geheizten Veranda bleiben sie noch über mehrere Monate schön anzusehen. Dieser Balkonkasten behält seine Pracht den ganzen Sommer hindurch, wenn Sie ihn wenigstens dreimal wöchentlich gießen. Wenn die Blätter der Fuchsien oder des Harfenstrauches schlaff aussehen, muss unverzüglich gewässert werden. Putzen Sie regelmäßig die verwelkten Blüten aus.

Gut zu wissen

Wenn Sie keine Zeit für Begonien haben, nehmen Sie stattdessen Fleißige Lieschen. Auch diese eignen sich hervorragend für schattige Standorte und blühen von Mai bis zum ersten Frost. Es gibt sie in den verschiedensten Farben, die manchmal etwas zu leuchtend und schwer zu kombinieren sein können. Vermeiden Sie zu bunte Zusammenstellungen. Weißblütige Impatiens setzen helle Akzente.

Grundlagen
Gefäße
bepflanzen S. 6
Porträts
Fuchsie S. 81
Knollenbegonie
S. 73
Glossar
Erde S. 102

April | *Im Handumdrehen* | **ZUBEHÖR:** ein Sägerät, eine Aussaatschale, eine Gießkanne

€ 2 Euro

30'

Einjährige aussäen

Einjährige Pflanzen sind eine einfache und preiswerte Möglichkeit für eine reiche, bunte Blütenpracht. Sie eignen sich aber auch gut zum schnellen Füllen von Lücken in sorgfältig angelegten Arrangements.

Wann säen?
Beginnen Sie mit der Aussaat erst ab März, und richten Sie sich am besten nach den Angaben auf den Samentütchen.

Wie wird's gemacht?
1. Füllen Sie einen gut drainierten Behälter mit Aussaaterde, drücken Sie die Erde an, und ebnen Sie die Oberfläche. Sie können auch eine Anzuchtschale nehmen. Sobald die Samen gekeimt haben und zu Pflänzchen mit echten Laubblättern geworden sind, werden sie ohnehin in die Balkonkästen umgepflanzt.
2. Wenn die Samen sehr klein sind, nehmen Sie am besten ein Sägerät, um sie auf der Oberfläche zu verteilen. Decken Sie sie anschließend mit einer dünnen Lage Aussaaterde ab. Für große Samen werden mit dem Finger kleine Mulden gemacht, die jeweils 2 bis 3 Samenkörner aufnehmen und dann wieder zugeschoben werden.
3. Andrücken.
4. Reichlich angießen.

Und dann?
Wenn die Pflänzchen 2 echte Blätter entwickelt haben, entfernen Sie die kümmerlichsten, und lassen Sie nur alle 3 cm eines stehen.

Gut zu wissen
Die Samen, z. B. von Kapuzinerkresse, Prunkwinde, Zwerg-Sonnenblume, Kap-

margeriten und Wunderblume, werden grüppchenweise in kleine Pflanzlöcher verteilt. Ausgestreut werden die feinen Samen von Studentenblume, *Bidens ferulifolia*, Strand-Silberkraut, Springkraut, Basilikum, Schmuckkörbchen, Chinenser-Nelke, Resede, Husarenknopf, Zwerg-Ringelblume, Hellerkraut, Gänseblümchen sowie Zinnia 'Star'.

Grundlagen
Balkonpflanzen
pflegen S. 14
Glossar
Einjährige S. 102
Säen S. 106

3 bis 4 Euro
pro Topf

(2h)

Blumenpracht für die Sonne

Ein sonniger Standort ermöglicht ansprechend bunte Blumenarrangements, bei denen Sie aus einer Vielzahl von Pflanzen wählen können. Dazu reicht schon ein einfaches Fensterbrett aus.

Welche Pflanzen?

① Gauchheil (*Anagallis*) 'Skylover' (3 Töpfe): Diese Pflanzen mit ihrem grazilen, schlanken Wuchs und den unzähligen enzianblauen Blüten können über die ganze Vorderseite des Balkonkastens herunterhängen oder sich mit anderen, aufrecht stehenden Pflanzen abwechseln. Sie sind als Jungpflanzen etwas bruchempfindlich und müssen vorsichtig behandelt werden.

② Petunien (2 Töpfe) tragen eine andere Farbe und Tiefe bei.

③ Rote Hängepelargonien (3 Töpfe) lockern das Gauchheildickicht auf. Dank ihrer fleischigen Blätter können sie auch vorübergehend trockenere Zeiten überstehen, jedoch sind sie dann bei Weitem nicht so schön, als wenn sie angemessen gegossen und gedüngt werden.

④ Strohblumen wie die *Helichrysum petiolare* 'Limelight' (2 Töpfe): Mit ihren samtigen, hellgrünen Blättern setzen diese Pflanzen einen weiteren Farbakzent.

Wie wird's gemacht?

1. Stellen Sie die Wurzelballen für 20 Minuten in klares Wasser.
2. Wählen Sie einen Balkonkasten von 60 cm Länge aus.
3. Verteilen Sie auf dem Boden des Balkonkastens eine Drainageschicht.
4. Füllen Sie ihn mit Geranienerde. Setzen Sie eine Pelargonie in die Mitte des Kastens, die beiden anderen jeweils an die Enden. Nehmen Sie die 3 blauen Gauchheile, und ordnen Sie sie beiderseits der Mitte an.

5. Die beiden Petunien werden etwas mehr nach hinten nahe der Mitte gepflanzt, die Strohblumen eher zu den Enden hin.
6. Gießen Sie reichlich an, und denken Sie an regelmäßige Düngergaben für diesen sehr dicht bepflanzten Kasten.

Und dann?

Sollen die Pelargonien sicher überwintern, müssen sie mit unbeschädigtem Wurzelballen im Herbst herausgenommen und in Einzeltöpfe gesetzt werden.

Grundlagen
Gefäße bepflanzen S. 6
Pelargonien überwintern S. 12
Balkonpflanzen pflegen S. 14
Porträts
Pelargonie S. 90
Petunie S. 91

Hängekörbe leicht gemacht

Hängekörbe erfreuen sich größter Beliebtheit. Damit sie stets üppig blühen, bedarf es ständiger Aufmerksamkeit und praktisch täglicher Wassergaben.

Welche Pflanzen?

① Garten-Stiefmütterchen und Veilchen (6 bis 7 Töpfe): Schon hiermit wird ein ebenso simples wie ansprechendes und natürlich wirkendes Arrangement möglich. Sie können darüber hinaus auch noch diverse Pelargonien, blauen Gauchheil (*Anagallis* 'Skylover'), die orangefarbene Begonie 'Papaya', Australische Gänseblümchen, Petunien vom Million-Bells-Typ, mehrfarbige Verbenen, weiß blühende Schneeflockenblumen, rosa Elfensporn und blaue oder weiße Lobelien verwenden. Für den Schatten eignen sich eher Hängefuchsien, Knollenbegonien, Impatiens und Fleißige Lieschen.

Wie wird's gemacht?

Besorgen Sie sich einen klassischen Hängekorb in der Form eines Salatsiebs aus Drahtgeflecht (es gibt sie auch aus

Plastik und mit Wasserreservoir). Stellen Sie diesen auf einen leeren Blumentopf passender Größe. Nun können Sie daran arbeiten, ohne dass Ihnen alles zur Seite kippt.

1. Legen Sie den Hängekorb mit dem Netzmaterial oder Moos aus, sodass die Erde nicht hindurchfallen kann. Füllen Sie mit Balkonkastenerde auf, die mit Langzeitdünger und Wasserspeichergel versetzt ist.

2. Setzen Sie die Pflanzen ein, wobei die hängenden an die Ränder kommen. Angießen.

Und dann?

Hängen Sie den Korb an einer geschützten, aber auch luftigen Stelle auf, wo er Regen abbekommen kann. Wässern Sie regelmäßig. Denken Sie an

wöchentliche Düngergaben, und entfernen Sie dabei auch gleich verwelkte Blüten. Beim Bepflanzen von Hängekörben sollten Sie grundsätzlich Pflanzen wählen, die zur gleichen Zeit blühen, damit keine unschönen, kahlen Stellen entstehen. Es ist bei dieser Art der Bepflanzung recht schwierig, einzelne Pflanzen zu entfernen und durch andere zu ersetzen, ohne dabei erheblichen Schaden anzurichten. Meiden Sie unbedingt Arrangements aus Pflanzen mit unterschiedlichem Wasserbedarf. Dies gilt zwar für alle Arten von Pflanzgefäßen, ist aber bei Hängekörben besonders wichtig, da hier alle Pflanzen sehr dicht stehen. Es ist einfach unmöglich, an bestimmten Stellen mehr und an anderen weniger zu wässern.

Porträts
Begonie S. 73
Fuchsie S. 81
Garten-Stiefmütterchen S. 97
Impatiens S. 85
Petunie S. 91
Glossar
Einjährige S. 102
Hängekorb S. 103

Im Sommer

ERLEDIGEN

Juni

Pflanzen	blühend gekaufte Rosen
Vermehren	frühjahrsblühende Stauden
Säubern	Entfernen Sie verwelkte Blüten von Rhododendren und Azaleen.
Wässern	Gießen Sie sämtliche Pflanzungen regelmäßig, in Hitzeperioden bei Bedarf sogar täglich.
Schneiden	überhandnehmende Kletterpflanzen
Bekämpfen	Pilz- und Insektenbefall an Rosen Achten Sie auf Blattläuse und Krankheiten.
Umtopfen	die letzten sommerblühenden Zwiebelpflanzen
Düngen	Denken Sie an regelmäßige Düngergaben.
Sonstiges	Kletterpflanzen müssen gegebenenfalls abgestützt oder angebunden werden.

Juli	August
in Töpfen vorgezogene Rosen, Sträucher, frostempfindliche Pflanzen etc.	In Töpfen vorgezogene Pflanzen, aber nur wenn deren anschließende Bewässerung sichergestellt ist.
	Stecklinge bei den frostempfindlichen Pflanzen schneiden.
Entfernen Sie verwelkte Blüten.	Entfernen Sie verwelkte Blüten.
Gießen Sie sämtliche Pflanzungen regelmäßig, in Hitzeperioden bei Bedarf sogar täglich.	Gießen Sie sämtliche Pflanzungen regelmäßig, in Hitzeperioden bei Bedarf sogar täglich.
einmal blühende Rosen	Buchsbaum und Formschnittgehölze
Pilz und Insektenbefall an Rosen Achten Sie auf Blattläuse und Krankheiten.	Pilz- und Insektenbefall an Rosen Achten Sie auf Blattläuse und Krankheiten.
Denken Sie an regelmäßige Düngergaben.	Düngen Sie regelmäßig alle Pflanzen, auch die Moorbeetgewächse, die nun Knospen für das nächste Jahr anlegen (Azaleen, Rhododendren etc.).
Sprühen Sie das Laub von Clematis mit Wasser ab.	Stutzen Sie die Pelargonien, damit sie sich neu verzweigen.

Im Sommer erledigen ∽ 37

3 bis 4 Euro
pro Topf

(2h)

Kreativ mit Blattschmuckpflanzen

Man braucht keine Blüten, um ein aufsehenerregendes, farbenfrohes Pflanzen-arrangement zu schaffen. Es gibt auch eine Vielzahl von schönen Blattschmuck-pflanzen, die sich für ganz persönliche und originelle Bepflanzungen eignen.

Welche Pflanzen?

① *Helichrysum petiolare* (4 Töpfe) mit zitronengelben bzw. gefleckten Blättern für die Enden

② *Fuchsia fulgens* (2 Töpfe) mit dunkel-grünem, dunkelrot geädertem Laub für den mittleren Abschnitt; sie werden spä-ter lange, rote Röhrenblüten bilden.

③ Ein kleinblättriger Efeu, dessen hän-gende Triebe die Vorderseite des Balkonkastens verkleiden.

④ *Ophipogon* 'Nigrescens' (2 Töpfe) mit grasartigen, tiefschwarzen Blättern, die für eine dunkle Kontrastnote sorgen.

⑤ Eine *Glechoma hederacea* 'Variegata', deren runde Blätter mit cremefarbenem Rand in den Vordergrund gehören.

⑥ *Fuchsia magellanica* 'Tricolor' (2 Töp-fe) mit zartrosa angehauchtem Laub

⑦ Zonal-Pelargonien (2 Töpfe), die durch ihre großen Blätter beeindrucken, die zumeist eine auffällige, breite, braune Ringzone aufweisen. 'Mrs Strang' trägt spektakulär dreifarbige Blätter und oben-drein auch noch gefüllte, hellrote Blüten.

Wie wird's gemacht?

1. Setzen Sie die Pflanzen dicht beieinan-der in eine reiche, mit Langzeitdunger und Wasserspeichergel versetzte Erde.
2. Ordnen Sie die Pflanzen eher symme-trisch an, und scheuen Sie sich nicht, bei zu großen Exemplaren überlange Triebe zu kürzen.
3. Gießen Sie alle 2 Tage direkt in den Wurzelbereich und nicht auf die Blätter.

Grundlagen
Gefäße bepflanzen S. 6
Pelargonien überwintern S. 12
Porträts
Efeu S. 81
Fuchsie S. 81
Pelargonie S. 90
Glossar
Drainage S. 101
Erde S. 102
Staude S. 107
Strauch S. 107

Entfernen Sie kränkelnde oder beschä-digte Blätter.

Und dann?

Nehmen Sie im Herbst die Pelargonien und Fuchsien heraus, und überwintern Sie sie geschützt. Lassen Sie aber Efeu, *Ophipogon* und *Glechoma* an Ort und Stelle, und nutzen Sie sie als Hintergrund für im Frühjahr blühende Zweijährige oder Zwiebelpflanzen.

Gut zu wissen

Weitere geeignete Pflanzen mit dekora-tivem Laub finden sich unter den Gehölzen, aber auch die gelb pana-schierte *Artemisia* 'Limelight', die pana-schierte Schönmalve, *Senecio cineraria* mit seinen eingeschnittenen, goldenen Blättern, das golden gesprenkelte Im-mergrün 'Illumination', panaschierte *Plec-tranthus*, Buntnesseln und selbst die Süßkartoffeln sind geeignet.

Dünger & Co.

Ob Topf, Kübel oder Balkonkasten, regelmäßige Düngergaben sind unverzichtbar, wenn Sie ein gutes Wachstum und viele Blüten von saisonalen Pflanzen erwarten, die ihre Erde sehr schnell auslaugen.

Welcher Dünger?

Düngemittel findet man in verschiedener Form. Althergebracht sind Pulver, die man bei einer Neupflanzung unter das Substrat mischt, oder Stäbchen, die man später in die Erde steckt. Ein wenig kostenintensiver, dafür aber auch sehr effektiv sind umhüllte Langzeitdünger, die sich allmählich auflösen und dadurch die wachsenden Pflanzen über einen gewissen Zeitraum kontinuierlich je nach Bedarf mit Nährstoffen versorgen. Und letztlich gibt es noch Flüssigdünger, die mit dem Gießwasser ausgebracht werden. In jedem Fall sollten Sie darauf achten, dass der Dünger Spurenelemente enthält, damit es nicht zu Mangelerscheinungen kommt. Für bestimmte Pflanzengruppen stehen spezielle, empfehlenswerte Dünger zur Verfügung, so etwa für Geranien, Beet- und Balkonpflanzen, Gehölze, Heidekrautgewächse, Rosen (mit besonders viel Magnesium).

Wie wird's gemacht?

Bereits vor dem Einpflanzen wird die Erde mit Langzeitdünger vermischt. Dann müssen Sie erst wieder nach rund 10 Wochen ans Düngen denken. Ohne Langzeitdünger versorgt man die Pflanzen gewöhnlich einmal pro Woche mit vorschriftsgemäß angesetztem Dünger.

Grundlagen
Balkonpflanzen
pflegen S. 14
Glossar
Drainage S. 102
Dünger S. 102
Erde S. 102

Suchen Sie den geeigneten Dünger entsprechend den zu düngenden Pflanzen aus, und geben Sie solchem mit Spurenelementen den Vorzug.

Düngestäbchen werden einfach in die Erde gesteckt.

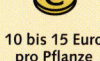

10 bis 15 Euro
pro Pflanze

Blühende Rosen pflanzen

Groß ist die Versuchung beim Besuch einer Gärtnerei, eines Wochenmarktes oder einer Gartenmesse angesichts so vieler, herrlich blühender Rosen. Wie jedoch erhält man sich die Pracht eines solchen Spontankaufes?

Kaufempfehlungen

Containerrosen lassen sich beinahe während des ganzen Jahres pflanzen. Eine derartige Rose sollte gesundes Laub besitzen, kräftig sein und nach Möglichkeit weitere Knospen aufweisen, damit Sie die Blütenpracht noch wochenlang genießen können. Achten Sie darauf, dass nicht allzu viele Wurzeln aus dem Behälter herausgewachsen sind.

Wie wird's gemacht?

1. Transportieren Sie Ihre neue Rose mit großer Sorgfalt. Lassen Sie sie nicht im Auto in der Sonne liegen, und transportieren Sie sie nicht ungeschützt auf einer offenen Ladefläche. Zu Hause angekommen, warten Sie nicht unnötig lange mit dem Einpflanzen.

2. Stellen Sie den Wurzelballen 20 Minuten in einen Eimer mit Wasser. In dieser Zeit können Sie Ihr Pflanzgefäß bereits mit einer oder mehreren Schichten Drainage aus Kieseln und/oder Tonscherben vorbereiten.

3. Verteilen Sie dann eine gute Lage spezieller Rosenerde auf der Drainageschicht.

4. Stellen Sie den Wurzelballen so auf die Erde, dass sich dessen Oberkante mehrere Zentimeter unter dem Rand des Pflanzgefäßes befindet, füllen Sie mit Erde auf, und drücken Sie diese zwischendurch immer wieder etwas an. Gießen Sie reichlich an, damit die Erde mit den Wurzeln in direkten Kontakt kommt.

Die Englische Rose 'Gertrude Jekyll' ist eine prächtige, öfterblühende Strauchrose. Sie eignet sich gut für den Topf und passt auch auf eine kleine Terrasse.

Und dann?

Direkt nach dem Einpflanzen muss die Rose alle 2 Tage gegossen werden. Schneiden Sie verwelkte Blüten nach Bedarf ab. Erholt sich die Rose nur zögerlich, schneiden Sie die meisten Triebe zurück.

Grundlagen
Sträucher, Rosen und Kletterpflanzen pflanzen S. 10
Rosen schneiden S. 18
Porträts
Rose S. 93
Glossar
Strauch S. 107

2 bis 3 Euro
pro Zwiebel

(1h)

Prächtige Sommerzwiebeln

Zu den klassischen Sommerblühern, wie hier Fuchsschwanz, Elatior-Begonie, Fuchsie und Blauvioletter Fächerblume, passen im Sommer blühende Zwiebelpflanzen. Über mehrere Monate können sie einen erheblichen Beitrag zur Farbenpracht leisten.

Welche Pflanzen?

① Knollenbegonien 'Pin Up' (5 Stück): Diese Sorte bringt elegante, weiße Blüten mit gewellten Kronblättern und rosa Rändern hervor. Man bekommt sie gewöhnlich als bereits blühende Pflanze, jedoch hat sie kleine Knollen, die man an einem frostsicheren Ort über den Winter bringen und im nächsten Jahr erneut verwenden kann.

② Eine schöne Dahlie: Wählen Sie aus dem riesigen Angebot eine Pflanze oder Knolle, am besten jedoch keine besonders hochwüchsige Sorte, da diese dann unschön abgestützt werden müsste.

Wie wird's gemacht?

1. Haben Sie fertige Pflanzen gekauft, können diese ab Mitte April in einen Balkonkasten gesetzt werden. Wählen Sie eine reiche, lockere Erde, und versetzen Sie sie mit Langzeitdünger und Wasserspeichergel. Setzen Sie die Knollen ausreichend tief in die Erde (doppelte Knollenhöhe). Brauchen die Dahlien Stützen, setzen Sie diese gleich mit ein. Andrücken und reichlich angießen.

2. Möchten Sie Zwiebeln bzw. Knollen für ein Arrangement ab Mitte Mai verwenden, setzen Sie diese schon Anfang April. Denken Sie an die eventuell erforderlichen Stützen für die Dahlien. Stellen Sie den Kasten an einer geschützten Stelle bei 8–12 °C auf, damit sie austreiben können. Wenn nicht mehr mit Frost zu rechnen ist, können sie nach draußen.

Und dann?

Wässern Sie Ihre Pflanzung regelmäßig und in Maßen. Geben Sie dem Gießwasser alle 2 Wochen einen Flüssigdünger zu, damit die Pflanzen sich voll entfalten können. Entfernen Sie verwelkte Blüten, um Raum für neue zu schaffen.

Gut zu wissen

Weitere für Gefäße besonders geeignete Zwiebelpflanzen sind unter anderem Stern-Gladiolen mit weißen Blüten und karmesinrotem Herz und einem herrlichen Sommerduft, die man in Gruppen von 8 bis 10 pflanzt, oder Schopflilien, deren Blüten auf einem grünen Kragen und einem toupetartigen Blattschopf sitzen. Das Schwarze Schmuckkörbchen bildet ohne Unterlass neue kleine Blüten, die nach Kakao duften. Kleine Blumenrohre mit ihren sattgrünen oder bronzefarbenen Blättern können exotisch aussehende Blüten in 1 oder 2 Farben einbringen. Und Lilien, von denen es heute unzählige und auch duftende Sorten gibt, sind immer eine Bereicherung.

€ (2h)

20 Euro pro Strauch
1 bis 2 Euro pro Topf

Ein schmackhafter Terrassengarten

Man braucht nur eine kleine, geschützte Ecke für empfindlichere Pflanzen, um einer kleinen, aber schmackhaften Ernte entgegensehen zu können.

Welche Pflanzen?

① Hochstämmige Beerensträucher (eine Rote und eine Schwarze Johannisbeere, eine Stachelbeere): Welch clevere Lösung, um einen Platz an der Sonne für sich zu beanspruchen. Diese Wuchsform schränkt aber gleichzeitig auch das Ausbreiten der eher ungezügelt wuchernden Pflanzen ein, ohne dabei den Fruchtertrag zu schmälern.

② Eine Himbeersorte mit anhaltender Fruchtbildung, damit man über längere Zeit ernten kann.

③ Erdbeeren (6 bis 7 Pflanzen) in einem Erdbeertopf, z. B. eine Mischung aus mehrfach und einmal tragenden Garten-Erdbeeren sowie einer Wald-Erdbeere. Auf diese Weise erhält man über mehrere Monate hinweg frische Früchte.

Wie wird's gemacht?

1. Stellen Sie die Wurzelballen für 20 Minuten in klares Wasser.
2. Wählen Sie Pflanzgefäße von mindestens 30 cm Höhe für die Hochstamm-Beerensträucher aus.

3. Setzen Sie jeden Strauch in ein eigenes Pflanzgefäß mit reicher Erde, und achten Sie darauf, dass sie stets feucht bleibt. Als unterstützende Maßnahme kann man auch etwas Moos auf der Substratoberfläche verteilen.
4. Stellen Sie die Töpfe hell auf, und wässern Sie regelmäßig, im Hochsommer alle 2 Tage.

Gut zu wissen

Die mehrfach tragende Himbeere 'Heritage' ist sehr gut für die Topfkultur geeignet. Sie muss alle 2 Jahre umgetopft werden. Die Roten Johannisbeeren 'Wilder' und 'Rose de Champagne' sowie die Schwarze 'Wellington' tragen besonders viele Früchte.

Und dann?

Schneiden Sie die Sträucher nach dem Fruchten zurück. Entfernen Sie die Himbeertriebe, die Früchte getragen haben, und schneiden Sie bei den Johannisbeeren die ältesten Triebe zur Verjüngung heraus.

Urlaubsvorbereitungen für den Balkon

Sie packen die Koffer. Aber wie können Sie sicher sein, dass nach Ihrer Rückkehr ein paar Wochen später noch etwas von Ihrer Pflanzenpracht übrig ist?

Bereiten Sie Ihre Pflanzen vor

1. Schneiden Sie vor Ihrer Abfahrt sämtliche Blüten und Knospen ab; Sie werden ohnehin nichts von ihnen haben.

2. Schneiden Sie die wuchsfreudigsten Pflanzen zurück, und lichten Sie sie aus, sodass sie vorübergehend weniger Masse zu versorgen haben.

3. Stellen Sie Töpfe und Balkonkästen an einen etwas schattigeren Ort, wo sie weniger schnell austrocknen. Decken Sie die offenen Erdoberflächen mit Stroh ab, um die Verdunstung einzudämmen.

4. Gießen Sie während der letzten Woche besonders reichlich.

Automatische Pflege

Wenn Sie länger abwesend sind und sich nicht auf einen Nachbarn oder Freund verlassen können, sollten Sie die An-

schaffung einer automatischen Bewässerungsanlage in Betracht ziehen. Hier ist besonders ein programmierbares Tropfsystem zu empfehlen, dessen Steuereinheit batteriebetrieben ist. Ist dies für Sie keine Lösung, bietet sich vielleicht ein Bewässerungssystem nach dem Schwerkraftprinzip an. Hierzu ist die Installation eines Wasservorratstanks an einer erhöhten Stelle erforderlich, von dem aus ein verzweigtes Rohrsystem zu den einzelnen Töpfen und Kästen verlegt wird, um diese ohne Ihr weiteres Zutun zu versorgen. Wenn Sie nicht gerade sehr lange wegbleiben, sollte das ausreichen; anderenfalls müsste jemand gelegentlich den Wasservorrat überprüfen und eventuell auffüllen.

Und dann?

Nehmen Sie nach Ihrer Rückkehr die normale Wasserversorgung wieder auf, und geben Sie eine Woche später erstmals auch wieder Flüssigdünger hinzu. Entfernen Sie verwelkte Blüten und kranke oder abgestorbene Triebe.

Grundlagen
Die Kunst des Gießens S. 16
Glossar
Erde S. 102
Wässern S. 109

August **S O S** **ZUBEHÖR:** eine Gießkanne, eine Gartenschere, eine Handspritze

Hitzeperioden und Balkonblumen

Sie waren abwesend, in der Zwischenzeit herrschten Temperaturen, die Ihren Pflanzen schwer zu schaffen gemacht haben. Wenn es dafür jetzt noch nicht völlig zu spät ist, können Sie sie jedoch mit ein paar einfachen und erprobten Maßnahmen wieder zum Leben erwecken.

Wie wird's gemacht?
1. Schneiden Sie rigoros alle vertrockneten oder schlaffen Teile von außen nach innen ab.
2. Stellen Sie dann alle Gefäße in eine Wanne mit Wasser, sodass sich die Wurzelballen richtig vollsaugen können. Lassen Sie sie im Wasser stehen, bis keine Luftblasen mehr aufsteigen.

3. Lassen Sie das überschüssige Wasser ablaufen, und decken Sie die Erdoberfläche mit Mulch, Kies, Kieseln etc. ab, um einen weiteren Wasserverlust durch Verdunstung einzudämmen.
4. Stellen Sie alle betroffenen Gefäße an einen schattigen Ort mit wenig Wind.
5. Besprühen Sie das Laub der geschädigten Pflanzen am Abend mit Wasser.

Und dann?
Wässern Sie wieder wie gewohnt, warten Sie aber noch mit dem Düngen, bis sich Ihre Pflanzen so weit erholt haben, dass sie Anzeichen von neuen Austrieben zeigen. Dann können Sie sie auch nach und nach wieder an ihre alten, sonnigen Plätze stellen, wo sie weiterwachsen werden.

Nach reichlichem Wässern sollte sich das Laub dieses *Impatiens* 'Fanfare' schnell wieder erholen; es war eine Hitzeperiode, die dann jedoch keine bleibenden Schäden hinterließ.

€
(2h)

10 bis 20 Euro
pro Strauch

Ein exotischer Balkon

Der Sommer ist die richtige Zeit, um auch den ansonsten drinnen stehenden Zimmerpflanzen einen Erholungsurlaub an der frischen Luft zu gönnen.

Welche Pflanzen?

① Die Zwergpalme: Die kleine *Chamaerops humilis* links im Bild kann an klimatisch günstigen Orten bis fast zum Winter draußen bleiben.

② Die Indianer-Seidenpflanze (*Asclepias curassavica*): Die gelb und orange blühende Pflanze verlangt einen sonnigen Standort und blüht dann den ganzen Sommer hindurch.

③ Die Blaue Kapaster (*Felicia amelloides*) ist mit ihren zahllosen blauen, margeritenähnlichen Blüten eine Hauptattraktion unter den sommerlichen Topfpflanzen.

④ Die Bougainvillee ist ein ausladender Kletterstrauch, der ohne Mühe über seine Kletterhilfe hinauswächst.

⑤ Das Mandarinenbäumchen (*Citrus reticulata*) bildet im Sommer dekorative Früchte.

Wie wird's gemacht?

Diese Pflanzen haben individuelle Pflegeansprüche und müssen daher entsprechend getrennt versorgt werden. Dadurch lassen sie sich aber auch so aufstellen, dass sie das schönste Gesamtbild ergeben.

1. Wählen Sie mindestens 30 cm tiefe Töpfe für Palme und Bougainvillee.
2. Setzen Sie alle Pflanzen in eine reiche Erde (leicht sauer für die Mandarine), und denken Sie dabei an eine Drainageschicht.
3. Wässern.

Und dann?

Entfernen Sie verwelkte Blüten. Düngen Sie alle blühenden und fruchtenden Pflanzen einmal wöchentlich. Bougainvillee und Mandarine müssen vor dem Frost ins Haus zurück. Die Kapaster überlebt den Winter nicht, sodass es egal ist, was Sie mit ihr machen. Die Bougainvillee wird allmählich an den trockeneren Winter gewöhnt. Im März wird sie vor dem neuen Austrieb geschnitten.

👁

Grundlagen
Sträucher, Rosen und Kletterpflanzen pflanzen S. 10
Glossar
Drainage S. 101
Dünger S. 102
Erde S. 102

August **S O S** **ZUBEHÖR:** eine Gießkanne, eine Gartenschere, frische Erde

2h pro Woche

Pflegefehler vermeiden

Sie sind von Ihren Pflanzen enttäuscht? Kein Grund zum Aufgeben, denn es liegt aller Voraussicht nach nur an einem einfach zu behebenden Kulturfehler.

Drainage?

Auf einer geraden Oberfläche aufgestellt, sollte überschüssiges Wasser aus den Ablauflöchern Ihrer Pflanzgefäße frei ablaufen. Untersetzer, in denen das Wasser steht, verhindern das natürlich. Bei Pflanzgefäßen mit Wasserreservoir sollten die Vorratsbehälter geleert werden, wenn die Erde zu sehr durchnässt wird oder es heftig geregnet hat.

Wassergaben?

Gießen Sie eher reichlich und seltener, dafür aber in regelmäßigen Abständen, als zu wenig und häufig. Geben Sie das Wasser direkt auf das Substrat, anstatt es einfach auf die Blätter zu schütten. Gießen Sie morgens oder abends.

Wählen Sie Pflanzgefäße in einer sinnvollen Größe, die Sie sicher aufstellen!

Die Größe eines Topfes sollte entsprechend den Bedürfnissen der Pflanze gewählt werden. Hierbei gilt: mindestens 35 cm³ für einen Strauch, 15 cm³ für eine Staude und 12 cm³ für eine einjährige bzw. zweijährige Pflanze. Je kleiner ein Pflanzgefäß ist, desto weniger und desto öfter muss gewässert werden, da das Substrat sehr schnell durchnässt. Große Pflanzgefäße können hingegen sehr schwer und nur mit Mühe zu bewegen sein. Balkonkästen müssen unbedingt sicher an der Balkonbrüstung befestigt werden, damit sie nicht hinunterfallen oder vom Wind abgerissen werden.

Erde?

Wenn Sie Ihre Bepflanzung verändern, gönnen Sie den Pflanzen auch gleich neue Erde.

Verwelkte Blüten?

Erleichtern Sie Ihre Pflanzen, indem Sie sie regelmäßig von verwelkten Blüten befreien. Indem Sie die Samenbildung verhindern, fördern Sie die Neuanlage von Blüten.

Düngergaben?

Wenn Sie Flüssigdünger verwenden, stellen Sie sicher, dass dieser nicht auf eine zu trockene Erde gegeben wird. Die relativ konzentrierte Lösung aus Mineralstoffen würde in diesem Fall die Wurzeln verbrennen. Gießen Sie bei Bedarf zunächst mit klarem Wasser und etwas später noch einmal mit einer Düngerlösung.

Balkonkästen müssen mit soliden Haltern befestigt werden.

Beim Umtopfen nimmt man stets frische Erde und Töpfe passender Größe.

Abenddüfte

Wie schön ist doch ein warmer Sommerabend, den man auf seinem Balkon oder der Terrasse sitzend verbringt, umgeben von blühenden Pflanzen und Düften, die zum Träumen verleiten!

Welche Pflanzen?

● Wunderblumen (*Mirabilis jalapa*) bilden hübsche Büschel aus dichtem, sattgrünem Laub und trompetenförmige, einfarbige oder gemusterte Blüten in verschiedenen Farben. Diese öffnen sich abends und verströmen einen vollen, nussigen Duft. Sie werden im April ausgesät. Wählen Sie eine kompakte Sorte, z. B. 'Tea Time'.

Brugmansia 'Esmeralda'

Tuberose

Wunderblume

● Der Duft der Nacht-Levkoje (*Matthiola bicornis*) erinnert an Gewürznelken. Man findet diese Pflanzen als vorgezogene Setzlinge im Frühjahr, wenn sie die ersten Blüten tragen. Diese können einfach oder gefüllt sein und Pastell-, Malven- oder Purpurtöne zeigen.

● Nachtjasmin (*Cestrum nocturnum*) ist ein Strauch aus dem Mittelmeerraum, der wegen seiner lang gestreckten, gelben Blüten geschätzt wird, die nachts ein unvergessliches Parfum verbreiten.

● Tuberosen (*Polianthes tuberosa*) sind Knollenpflanzen, die sich nur schwer unter Kontrolle halten lassen. Die Knollen kommen in Töpfe und müssen sehr warm stehen. Ab Ende März werden die Töpfe dann vollsonnig aufgestellt. Daraufhin erscheint jeweils ein langer Trieb, an dessen Ende Knospen entstehen. Die Blüten sind gefüllt, weiß, wachsartig und verströmen einen süßlichen Duft.

● Engelstrompeten (*Brugmansia*) sind große Sträucher, die durch ihre trichterartigen, weißen, rosa, roten oder gelben, gefüllten oder einfachen Blüten bestechen, die zum Ende des Tages hin einen kräftig lieblichen Geruch abgeben.

● Stern-Gladiolen (*Gladiolus murielae*) sind einfach zu kultivierende Knollenpflanzen. Sie werden im April gesetzt. Die großen, weißen Blüten mit karmesinfarbenem Muster halten sich lange und verströmen ein kräftiges Parfüm.

Grundlagen
Zwiebelblumen pflanzen S. 8
Die Kunst des Gießens S. 16
Porträts
Engelstrompete S. 74
Garten-Levkoje S. 87

Im HERBST ERLEDIGEN

September

Pflanzen	Sträucher (Rhododendron, Lavendelheide) und Containerrosen
Vermehren	ausdauernde Sommerblüher durch Teilen des Ballens
Säubern	Halten Sie die Herbstarrangements sauber. Schneiden Sie alle Pflanzen herunter, die während Ihres Urlaubs gelitten haben.
Wässern	Gießen Sie regelmäßig alle Töpfe, Kübel, Balkonkästen und Ampeln.
Schneiden	Kletterpflanzen, die über ihre Stützen hinauswachsen
Bekämpfen	
Umtopfen	
Düngen	Pflanzen in Rhododendronerde, Azaleen und Rhododendren
Sonstiges	Lockern Sie die Erdoberfläche in den Balkonkästen auf.

ZU BEACHTEN

- Vermindern Sie allmählich die Häufigkeit der Wassergaben.
- Sparen Sie nicht an Erde, sondern ersetzen Sie sie systematisch bei jeder Gelegenheit.
- Pflanzen Sie keine wurzelnackten Rosen, bevor diese nicht von alleine ihr Laub verloren haben. Bleiben Sie bis Anfang November geduldig.

IN BLÜTE

- Besenheide
- Chrysantheme
- Clematis
- Dahlie
- Erika
- Fuchsie
- Herbst-Alpenveilchen
- Verbene

Oktober	November
Zweijährige und im Frühjahr blühende Zwiebelpflanzen Garten-Stiefmütterchen in Blumenkästen	Rosen, Beerensträucher, Immergrüne, Winterblüher, Erika
ausdauernde Sommerblüher durch Teilen des Ballens	
Entfernen Sie die Herbstarrangements, waschen Sie die Pflanzgefäße aus, und füllen Sie sie mit neuer Erde.	Schneiden Sie nicht kletternde Rosen um ein Drittel zurück.
	Gießen Sie weiterhin weichblättrige immergrüne Sträucher.
verholzende Pflanzen (Lavendel, Thymian, Fuchsien etc.)	
Schildläuse an Kamelien	
Gewürzpflanzen, frostempfindliche Pflanzen zum geschützten Überwintern	Zweijährige und im Frühjahr blühende Zwiebelpflanzen
	die neu gepflanzten Zweijährigen
Drehen Sie alle Pflanzen um ein Viertel für ein regelmäßigeres Wachstum.	Schützen Sie die frostempfindlichen Pflanzen vor Frost.

Im Herbst erledigen 51

Ein Oleander als Urlaubs-verlängerung

Obwohl der Urlaub zu Ende sein mag, können bestimmte Pflanzen das Bild fremder Länder durchaus noch lange danach aufrechterhalten. Oleander ist zu diesem Zweck besonders geeignet, denn er vereint einfache Pflege mit großzügiger Blüte.

Welche Sorten?

Nerium oleander 'Petite' ist eine kleine Sorte, die kaum höher als 80 cm wird und daher gut für größere Töpfe oder Kübel geeignet ist. Sie kann rosa, weiße, rote oder lachsfarbene Blüten haben.

Es gibt aber auch noch andere empfehlenswerte, robuste Sorten, etwa 'Italia' und 'Villa Romaine', die bis –10 °C vertragen. Andere duften, vor allem 'Provence' mit lachsfarbenen und gelben, gefüllten Blüten. 'Géant des Batailles' ist ein Klassiker mit gefüllten, rot-weiß gestreiften Blüten, ebenso die weiß blühende 'Soeur Agnès'. Von den Sorten mit einfachen Blüten können Sie z. B. die elfenbeinfarbene 'Angiolo Pucci', die apricot blühende 'Tito Poggi', die feuerrote 'Papa Gambetta' oder die lebhaft rosa blühende 'Pink Beauty' wählen. Gefüllte Blüten halten länger, empfehlenswert sind hier die gelb blühende 'Luteum Plenum', die rosa-apricotfarbene 'Ville de Carpentras' oder die intensiv rosa blühende 'Splendens Foliis Variegata', die dazu noch panaschiertes Laub trägt.

Wie wird's gemacht?

1. Bereiten Sie eine Mischung aus Oleandererde, Kies und Langzeitdünger vor. Oleander verlangen zwar reichlich Wasser, daneben aber auch ein sehr durchlässiges Substrat.

Nerium oleander 'Variegatum' schmückt sich mit gefüllten Blüten und panaschiertem Laub.

2. Pflanzen Sie den Wurzelballen in ein Gefäß mit mindestens 35 cm Durchmesser.

3. Versorgen Sie den Oleander alle 2 Wochen mit einem Geranienflüssigdünger, und topfen Sie etwa alle 4 Jahre um.

Und dann?

Bringen Sie Ihren Oleander vor dem ersten Frost ins Haus, und stellen Sie ihn an ein helles Fenster. Im folgenden Frühjahr sollte er etwas zurückgeschnitten werden, bevor Sie wieder regelmäßig gießen und düngen. Ab Mitte Mai kann er dann wieder nach draußen.

Gut zu wissen

Stecklinge aus neuen Trieben werden vorzugsweise gegen Ende des Sommers einfach in Erde gesteckt oder in Wasser gestellt. Zu beachten ist, dass alle Teile dieser Pflanze giftig sind.

Grundlagen
Sträucher, Rosen und Kletterpflanzen pflanzen S. 10
Porträts
Oleander S. 89
Glossar
Drainage S. 101
Erde S. 102
Strauch S. 107

Im Herbst erledigen 53

KALENDER

September **SOS** **ZUBEHÖR:** eine Handharke, eine Gießkanne, eine Schere, eine Gartenschere

Großreinemachen: frischer Wind für Ihre Pflanzen

Nachdem Sie aus dem Urlaub zurückgekommen sind, werden Ihre Balkon- oder Terrassenpflanzen ein wenig Aufmerksamkeit nötig haben. Bringen Sie sie in Form, und ermuntern Sie sie, neue Blüten zu bilden!

Wie wird's gemacht?

1. Beginnen Sie damit, alle abgestorbenen, beschädigten, trockenen oder kranken Triebe und die verwelkten Blüten abzuschneiden.

2. Einzelne, übermäßig in die Länge gewachsene Triebe verunstalten das Gesamtbild und wirken überaus unordentlich. Schneiden Sie sie ohne Skrupel mit der Gartenschere ab. Die Pflanze wird sich daraufhin verzweigen und dadurch dichter werden.

3. Lockern Sie die Erde rund um die Pflanzen mit der Harke auf, und wässern Sie anschließend um die Pflanzen herum (nicht auf die Blätter), wenn es sein muss mehrfach, um den Feuchtigkeitsgehalt der Erde wieder zu normalisieren. Lassen Sie überschüssiges Wasser ungehindert ablaufen.

4. Kehren Sie dann wieder zum gewohnten Gießrhythmus zurück, ohne die Wassergaben zu übertreiben. 2 Wochen später kann auch wieder erstmals gedüngt werden.

5. Suchen Sie aufmerksam nach ersten Anzeichen von Krankheiten und Schädlingen.

6. Wenn bestimmte Pflanzen Ihre Abwesenheit nicht überlebt haben, entfernen Sie sie, und setzen Sie an ihrer Stelle andere aus der Gärtnerei oder dem Gartencenter.

Grundlagen
Balkonpflanzen pflegen S. 14
Die Kunst des Gießens S. 16
Schädlinge und Krankheiten bekämpfen S. 22

Wintervorbereitungen für frost-empfindliche Pflanzen

Es wird jetzt zunehmend kühler, und schon bald wird mit Frost zu rechnen sein. Wenn Sie an Ihren Pflanzen auch im nächsten Jahr noch Freude haben wollen, müssen Sie sie jetzt geschützt unterbringen.

Wie wird's gemacht?

1. Wenn die Pflanzen einzeln in Pflanzgefäßen stehen, sind sie einfach an einen frostsicheren, trockenen Ort umzusiedeln, der je nach Art hell oder auch dunkel sein kann. Hierzu eignen sich bereits eine geschlossene Veranda, eine Waschküche, ein Treppenhaus oder eine Garage, doch bei besonders kälteempfindlichen Exemplaren bietet sich eigentlich nur noch ein Wohnraum oder ein beheizter Wintergarten an. Der Vorteil ist, dass sie Sie dort auch noch eine ganze Weile erfreuen werden.

2. Zusammengepflanzte Exemplare werden jetzt ausgetopft und in eigene Gefäße umgesetzt, in denen sie auf einer ungeheizten Veranda weiterhin gedeihen werden. Dies ist z. B. bei Wandelröschen, Impatiens, Flammenden Käthchen und Schönmalve der Fall.

3. Was Pelargonien und Fuchsien angeht – lassen Sie sie in ihren Töpfen, und bringen Sie sie trocken, hell und frostfrei über den Winter.

Gut zu wissen

Wenn Sie aus Platzgründen drinnen nur wenige Pflanzen unterbringen können, denken Sie daran, gegen Ende des Sommers von Ihren liebsten Stücken Stecklinge zu nehmen. Sobald diese Wurzel gebildet haben, pflanzen Sie sie in kleine Töpfchen, und überwintern Sie nur diese. Auf diese Weise sparen Sie erheblich Platz. Hierfür eignen sich z. B. die jungen Triebe von Pelargonien, Fuchsien, Wandelröschen und Sonnenwende.

Entblättern Sie dazu drei Viertel des Triebs, tauchen Sie das untere Ende in ein Bewurzelungshormon und stecken den Trieb dann zu einem Drittel in Erde. Anschließend angießen.

Grundlagen
Pelargonien überwintern
S. 12
Porträts
Pelargonie S. 90
Glossar
Frost S. 103

Eine verglaste, helle, unbeheizte Veranda eignet sich gut für die kühle Überwinterung frostempfindlicher Pflanzen.

Im Herbst erledigen 〜 55

KALENDER

2h

10 bis 20 Euro
pro Strauch,
3 bis 4 Euro pro Topf

Die letzten Sommererinnerungen

Der Herbst hat nun alles fest im Griff, und das Laub entfacht überall ein Farbfeuerwerk. Jetzt kann der Gärtner von Beerensträuchern, Spätblühern und den Samenständen der Ziergräser profitieren.

Welche Pflanzen?

① Ein Kasten voll leuchtend rosa blühender Pelargonien: Man braucht 4 oder 5 Pflanzen.

② Zwergmispel (*Cotoneaster salicifolius*): 2 hochstämmige Pflanzen, von denen eine in einen Topf, die andere in einen Holztrog gesetzt wird. Diese Pflanzen haben immergrüne Blätter und im Herbst schöne rote Beeren.

③ Ein Japanisches Federborstengras (*Pennisetum alopecuroides*), das mit seinen im Sonnenlicht glitzernden, seidenhaarigen „Flaschenbürsten" ein unwirkliches Element einbringt.

④ Eine Sonnenblume (*Helianthus annuus*), die sorgfältig und unauffällig abgestützt die Szene beherrscht.

⑤ Ein einjähriger Rauer Sonnenhut (*Rudbeckia hirta*), der mit seinen orangegelben Kränzen um schwarze Blütenherzen das Gesamtbild aufhellt.

⑥ Eine Besenheide (*Calluna vulgaris*), die es sich in einer Ecke des Troges gemütlich macht.

⑦ Ein Heide-Wacholder (*Juniperus communis* 'Suecica'), der als graugrüner Kontrapunkt und Hintergrund für die Zwergmispel dient.

Wie wird's gemacht?

Der ganze Erfolg dieses Arrangements hängt von der Platzierung der einzelnen Pflanzen ab. Einige davon können bis zum Frühjahr an Ort und Stelle bleiben.

1. Die Pelargonien sind schon im April gepflanzt und dann regelmäßig gegossen und gedüngt worden. Sie haben reichlich geblüht und werden damit noch bis Ende des Monats fortfahren, wenn Ihr Balkon vor Frost geschützt ist. Anschließend können Sie sie an einem frostsicheren Ort trocken überwintern.

2. Für die Zwergmispeln wählen Sie Gefäße, deren Durchmesser ungefähr der Hälfte der Pflanzenhöhe entsprechen. Der Boden wird mit einer Drainageschicht ausgelegt, während die Wurzelballen der Pflanzen in einen Eimer mit Wasser gestellt werden. Sie können eine ganz normale Blumenerde verwenden. Angießen. Die Pflanzen sind sehr robust und wenig anspruchsvoll. Gegen Ende des Winters (März oder April) sollten Sie

sie aber schneiden, wenn Sie ihnen eine bestimmte Form geben wollen.

3. Federborstengras, Sonnenhut, Sonnenblume und Besenheide können die Zeit bis zum ersten Frost ohne Probleme zusammen in einem großen Trog verbringen. Wählen Sie dazu einen wie auf dem Foto aus. Auch hier werden die Wurzelballen für 20 Minuten in Wasser gestellt. Das Pflanzgefäß bekommt eine Drainageschicht, und es reicht wiederum normale Blumenerde aus. Denken Sie an eine Stütze für die Sonnenblume, vor allem wenn der Standort vom Wind erreicht wird! Der Pflanztrog kommt an eine sonnige, aber windgeschützte Stelle. Gießen Sie regelmäßig.

4. Pflanzen Sie den Heide-Wacholder in ein mindestens 20 cm hohes Gefäß, und mischen Sie etwas Sand unter das Substrat. Er wächst sehr langsam und verträgt vorübergehende Phasen heißen Wetters.

Und dann?

Mit Einbruch des Winters nehmen Sie den Sonnenhut und die Sonnenblume heraus. Ersetzen Sie sie durch Pflanzen wie Garten-Stiefmütterchen oder Vergissmeinnicht, und nutzen Sie die Gelegenheit, wenigstens einen Teil der Erde auszutauschen, auch wenn Sie nicht das ganze Gefäß ausräumen. Stellen Sie die Pelargonien dann nach drinnen. Schneiden Sie beim Federborstengras die Samenstände nicht ab.

5 bis 8 Euro
für 10 Zwiebeln
je nach Größe

Zwiebeln für das nächste Frühjahr

Der Herbst ist die richtige Zeit, um sich Gedanken über die Bepflanzung im nächsten Frühjahr zu machen, denn die Zwiebeln der Frühjahrsblüher müssen schon zwischen Oktober und Mitte Dezember gesetzt werden.

Welche Pflanzen?

Wählen Sie bevorzugt niedrige Sorten. Diese sind einerseits weniger empfindlich gegen Windbruch, andererseits fügen sie sich besser in das Gesamtbild ein.

• Zwerg- oder auch normale Narzissen eignen sich wegen ihrer großen Blüten besonders gut.

• Auch bei den Tulpen finden Sie sowohl normal große als auch niedrige Vertreter. Die meisten blühen sehr früh und sind bestens für den Topf oder Balkonkasten geeignet.

• Diesem Grundbestand können Sie noch Blaustern, Schneestolz oder Brodieen, verschiedenfarbige Krokusse, Winterlinge, Schneeglöckchen, Garten-Anemonen und Ranunkeln hinzufügen.

Wie wird's gemacht?

1. Versehen Sie alle Pflanzgefäße stets mit einer Drainageschicht. Verwenden Sie eine Erde speziell für Zwiebelpflanzen. Setzen Sie die Zwiebeln dicht beieinander, gegebenenfalls in mehreren Etagen, denn die Austriebe bahnen sich ihren Weg zur Oberfläche auch um Hindernisse herum.

2. Die größten Zwiebeln werden am tiefsten gesetzt, die kleineren weiter oben (die ideale Pflanztiefe entspricht dem Ein- bis Zweifachen der Zwiebelhöhe). Andrücken und angießen.

Grundlagen
Zwiebelblumen
pflanzen S. 8
Glossar
Drainage S. 101
Zwiebel S. 110

Überwinterung im Freien

Auch wenn sich exotische Pflanzen an ein Leben auf dem Balkon oder der Terrasse anpassen können, müssen die meisten im Haus überwintern. Einige Arten können jedoch auch mit dem passenden Schutz im Freien bleiben.

Wie wird's gemacht?

1. Zunächst benötigen Sie ein geeignetes Vlies, das Sie in jedem Gartencenter bekommen können. Der Vorteil dieses Materials liegt darin, dass es die Atmung der abgedeckten Pflanze nicht behindert und Licht durchlässt. Sie können es in mehreren Lagen verwenden.

2. Wickeln Sie die zu schützenden Pflanzen locker darin ein, und denken Sie dabei auch an das Pflanzgefäß.

3. Zum Schutz von Tontöpfen oder -kübeln (nicht der Pflanzen!) können Sie Noppenfolie verwenden. Diese ist ebenfalls licht-, aber nicht luftdurchlässig und hält dadurch die Feuchtigkeit.

4. Styropor in Platten oder Rollen eignet sich bestens zum Isolieren von Kübeln.

5. Sie sollten vielleicht über die Anschaffung eines Minigewächshauses nachdenken, in dem Sie besonders empfindliche Pflanzen und vor allem Ihre wertvollen Stecklinge sicher unterbringen können. Dessen Isolation lässt sich noch erheblich verbessern, indem Sie die Innenseiten der Scheiben mit Noppenfolie verkleiden. Denken Sie daran, es von Zeit zu Zeit zu lüften.

Gut zu wissen

In Töpfen, Kübeln oder Balkonkästen wachsende Pflanzen sind bei Weitem empfindlicher gegen Frost als solche, die im Boden wachsen. Erde und Wurzeln werden hier erheblich schneller vom Frost erreicht. Balkone und Terrassen sind unter Umständen eisigem Wind und/oder starken Windböen ausgesetzt. Stellen Sie daher die überwinternden Gefäße so dicht wie möglich an eine schützende Wand, die großen nach hinten und die kleineren nach vorne.

Glossar
Drainage S. 101
Erde S. 102
Frost S. 103

Auf dieser Terrasse sind die Pflanzen winterfest gemacht worden.

Ohne Schutz würde die Hochstamm-Strauchmargerite nicht überleben.

Für Azaleen reicht Zeitungspapier als Winterschutz bereits aus.

Im WINTER ERLEDIGEN

Dezember

ZU BEACHTEN

- Bei Frost nicht gießen.
- Lassen Sie Bepflanzungen mit empfindlicheren Gewächsen bei Frost nicht ungeschützt, vor allem wenn das Erdreich feucht ist. Schützen Sie sie mit Vlies, Noppenfolie, Sackleinen, Jute oder Styropor.
- Arbeiten Sie nicht mit bloßen Händen an gefrorenen Pflanzen; tragen Sie Handschuhe.
- Wenn Sie noch Anfänger sind, warten Sie mit dem Schneiden Ihrer Rosen bis Ende März, da dann die Triebknospen deutlicher zu erkennen sind.

IN BLÜTE

- Bodnants Schneeball (*Viburnum × bodnantense*)
- *Camellia sasanqua, C. japonica*
- Christrose, Orientalische Nieswurz (*Helleborus ssp.*)
- Erika
- Japanische Mahonie
- Krokus
- Schneeglöckchen
- Vorfrühlings-Alpenveilchen (*Cyclamen coum*)
- Winter-Iris

Pflanzen	Zwergformen von Obstgehölzen, wurzelnackte Rosen, Erika, *Helleborus* ssp., Garten-Stiefmütterchen, winterblühende Primeln
Vermehren	
Schützen	Stellen Sie sicher, dass alle frostempfindlichen Gewächse und Bepflanzungen gut geschützt sind.
Wässern	Stellen Sie sicher, dass Gießwasser ungehindert ablaufen kann; nötigenfalls die Pflanzgefäße auf kleine Sockel stellen.
Schneiden	Weinreben
Bekämpfen	
Umtopfen	Christrose und Orientalische Nieswurz mit Flüssigdünger
Sonstiges	Überprüfen Sie den Schutz bei frostempfindlichen Pflanzen und Bepflanzungen.

Januar	Februar
Stechpalme, Skimmie, Scheinbeere wegen ihrer Früchte, Stauden und immergrüne Sträucher	wurzelnackte Rosen
	Schneiden Sie Stecklinge von drinnen stehenden Pelargonien.
Stellen Sie sicher, dass alle frostempfindlichen Pflanzen und Arrangements gut vor Kälte geschützt sind.	Schützen Sie blühende Mimosen und Kamelien. Fegen Sie den Schnee von Formschnittgehölzen.
Wenn kein Frost herrscht, wässern Sie neue Bepflanzungen und solche, die unter einer Überdachung stehen.	Wenn kein Frost herrscht, wässern Sie neue Bepflanzungen und solche, die unter einer Überdachung stehen.
Blauregen	Rosen und sommer- und herbstblühende Gehölze
	Pflanzen Sie die Knollen von Knollenbegonien in geschützt aufgestellte Töpfe.
	Stauden, Kletterpflanzen, Koniferen und Sträucher mit Flussigdünger
Fegen Sie den Schnee ab, der sich auf Formschnittgehölzen ansammelt.	Lüften Sie die verpackten Pflanzen bei schönem Wetter.

Im Winter erledigen 61

4 bis 10 Euro
pro Pflanze

Winterschönheiten

Wer sagt, dass der Winter trist sein muss? Winterblühende Pflanzen und solche mit schönem Laub sind durchaus in der Lage, den kleinsten Balkon und die kleinste Terrasse über etliche Wochen zu beleben.

Welche Pflanzen?

① Eine Christrose (*Helleborus niger*) mit immergrünem Laub. Je nach Varietät blüht sie zwischen November und März. Wählen Sie sie aus, wenn sie schon blüht, und pflanzen Sie sie in einen größeren Topf um. Sie ist frostunempfindlich und blüht selbst unter Schnee.

② Eine Orientalische Nieswurz (*Helleborus-orientalis*-Hybride). Wenn die Knospen aufgehen, sollten Sie die alten Blätter entfernen, damit die hübsch gefleckten, grazilen Blüten umso besser zur Geltung kommen. Sie blüht noch später als die Christrose und setzt über lange Zeit einen farbigen Akzent, der sich von Gelb über alle Schattierungen von Rosa nach Rot verschiebt. Daneben existieren auch noch reinweiße, zweifarbige und Harlekin-Sorten. Wählen Sie Ihre Pflanzen unbedingt erst dann aus, wenn sie in Blüte stehen.

③ Eine *Carex hachijoensis* 'Evergold': Die grasartigen Blätter mit gelben Rändern bilden ein struppiges Büschel.

Wie wird's gemacht?

1. Stellen Sie die Wurzelballen für 15 Minuten in Wasser, und legen Sie jeden Topf mit einer Drainageschicht aus. Verwenden Sie eine reiche Erde.

2. Setzen Sie die Pflanzen in ihre Töpfe. Diese sollten mit maximal 20 cm Durchmesser bei geringer Höhe bereits völlig ausreichen.

Und dann?

Nachdem sie abgeblüht haben, stellen Sie Christrose und Nieswurz in eine schattige Ecke. Entfernen Sie die verwelkten Blüten und alten Blätter, halten Sie die Erde feucht, aber nicht nass, und schon bald werden reichlich neue Triebe erscheinen. Geben Sie einmal im Jahr neue, reiche Erde auf die alte. Zu Beginn des 2. Jahres muss umgetopft werden. *Carex hachijoensis* 'Evergold' entwickelt sich sehr schnell und muss jedes Jahr umgetopft werden. Scheuen Sie sich nicht, im Frühjahr die alten Blätter abzuschneiden. Diese werden recht schnell durch neue ersetzt.

Grundlagen
Gefäße
bepflanzen S. 6
Porträts
Christrose S. 82
Glossar
Erde S. 102
Frost S. 103

10 bis 20 Euro
pro Pflanze

Ein festlicher Balkon

Die Zeit schön geschmückter Zimmer muss nicht vor dem Balkon oder der Terrasse haltmachen. Dank immergrüner oder sehr spät im Jahr blühender Pflanzen und Gehölze mit dekorativem Holz oder bunten Früchten können Sie das Spiel der Farben auch draußen fortsetzen.

Welche Pflanzen?

● Unter den Pflanzen mit sehr später Blüte (oder früher, je nachdem) werden Ihnen besonders die Christrosen, aber auch die Japanische Mahonie gefallen, die schöne, gelbe Blütenstände mit Maiglöckchenduft und zähe, dunkelgrüne Blättern aufweist.

● Bestimmte Schneeballarten (z. B. *Viburnum × bodnantense*) und Zier-Kirschen wie *Prunus subhirtella* 'Autumnalis' blühen sporadisch während des Winters.

● Erika bildet kompakte Horste, die sich gut für Arrangements eignen.

● Unter den Pflanzen mit immergrünen Blättern finden sich, abgesehen von Koniferen, z. B. auch Stechpalmen mit creme- oder goldfarben gefleckten Blättern; die weiblichen Pflanzen bringen große Mengen von farbenfrohen Früchten hervor. Hier soll auch noch die Ölweide, z. B. 'Gilt Edge', mit ihrem goldenen Laub erwähnt werden.

● Die unverwüstlichen Buchsbäume bilden mit ihrem grünen oder panaschierten Laub einen schönen Hintergrund. Nicht zu vergessen ist Efeu, wenn es um Wandbegrünung geht.

● Prunkvolle Anblicke finden sich in Gestalt zahlreicher farbenfroher Früchte an Gehölzen: Rot oder Rosa bei Skimmien und Scheinbeeren, Gelb, Orange oder Rot bei Feuerdorn und verschiedenen Zwergmispeln.

Wie wird's gemacht?

Schon mit simplen Tannen- oder Kiefernzapfen, Schneckenhäusern, Muschelschalen, Bündeln farbiger Zweige, Samenständen der Clematis oder Efeuranken, die man in die Pflanzen hängt, kann man ihnen ein festliches Aussehen verleihen. Denken Sie daran, dass eine abendliche Beleuchtung den Schmuck erst richtig zur Geltung bringt.

Gaultheria mucronata

Callicarpa dichotoma trägt prächtige purpurviolette Früchte.

Skimmia japonica 'Robert Fortune'

3 bis 4 Euro
pro Pflanze

Blütenpracht im Winter

Bepflanzen Sie doch einmal einen Tontopf mit einem Arrangement mit Blüten in warmen Tönen und dekorativem Blattwerk.

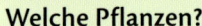

ablaufen kann, indem Sie als unterste Schicht Kiesel so auslegen, dass die Abflusslöcher frei bleiben. Auf diese Weise wird verhindert, dass die Wurzeln im Topf ertränkt werden und der Topf bei Frost durchfriert.

2. Ordnen Sie zunächst die Skimmien und das Purpurglöckchen ungefähr in der Mitte des Topfes an, dann die Stiefmütterchen um diese herum und schließlich die Efeupflanzen an den Rändern.

Welche Pflanzen?

① Eine Japanische Skimmie (*Skimmia japonica* 'Rubella'): Dieser immergrüne Strauch mit seinen hübschen Winterblüten wächst dicht und benötigt eine leicht saure Erde.

② Ein Kleinblütiges Purpurglöckchen (*Heuchera micrantha* 'Palace Purple'): Diese Staude besitzt purpurfarbene, immergrüne Blätter und trägt im Frühjahr Blütenstände aus zahllosen kleinen, rosa Blüten.

③ Garten-Stiefmütterchen (*Viola × wittrockiana* 'Ultima Scarlet', 6 Töpfe): Diese Sorte zeichnet sich durch besonders große, reinrote Blüten aus.

④ Panaschierter Efeu (*Hedera*, 3 Töpfe): Mit ihren cremefarben gemusterten Blättern werden die Pflanzen nah an den Gefäßrand gesetzt, sodass die Triebe über den Topfrand frei herunterhängen können.

Wie wird's gemacht?

1. Vergewissern Sie sich, dass überschüssiges Wasser ungehindert aus dem Topf

3 bis 4 Euro
pro Pflanze

Stauden für den Balkon

Ob nun ein Gefäß aufgrund von farbigem Laub oder dekorativen Früchten schön aussieht – eine grasartige Pflanze trägt immer zur Dynamik bei.

Welche Pflanzen?

● Lange Zeit als reine Gartenpflanzen angesehen, haben sich Stauden inzwischen auch einen festen Platz in Töpfen, Kästen und Kübeln erobert. Sie gedeihen hier ebenso gut wie im Garten, kommen bisweilen außerhalb der normalen Jahreszeiten zur Blüte, und manche haben wirklich überaus dekoratives Laub.

● Nachfolgend eine Übersicht besonders schöner immergrüner Stauden:

– *Lysimachia nummularia* 'Aurea' mit hängenden Trieben, die kleine, runde, gelbe Blätter tragen

– *Heuchera micrantha* 'Palace Purple' mit purpurnen Blättern

– *Bergenia*-Hybriden mit großen, zähen, rundlichen Blättern in winterlichen Farben und bunten Blüten im Frühjahr

– *Carex comans* 'Bronze' mit grasartigem Laub in bronzegrauen Tönen

– *Blechnum spicant*, ein hartblättriger Farn mit schönen grünen Wedeln

Grundlagen
Gefäße
bepflanzen S. 6
Glossar
Balkonkasten
S. 100

Heuchera 'Palace Purple'

Lysimachia nummularia 'Aurea'

Die verschiedenen Grüntöne eines mehrjährigen Buchsbaums, eines Spindelstrauchs und eines strauchartig wachsenden Japanischen Geißblatts heben sich von den roten Früchten einer *Gaultheria mucronata* und einer *Skimmia japonica* ab. 2 *Carex hachijoensis* 'Evergold' verleihen dem Arrangement einen passenden Rahmen.

Blechnum spicant

Februar *Beispiele* | **ZUBEHÖR:** eine Pflanzschaufel, eine Gießkanne

15 bis 30 Euro
pro Pflanze

Eine Kamelie im Topf

Unter den Gehölzen, die sich gut in einem Pflanzgefäß kultivieren lassen, gilt die Kamelie mit ihrer ungewöhnlichen Blütezeit und den perfekt geformten Blüten als besonders nobel.

Welche Arten?

Eine *Camellia sasanqua*, die mit ihren kleinen Blättern und den zahllosen einfachen oder gefüllten Blüten ausgesprochen grazil aussieht und zwischen Oktober und Dezember blüht.

Wie wird's gemacht?

1. Stellen Sie den Wurzelballen für 20 Minuten in einen Eimer mit Wasser, und denken Sie an die Drainageschicht auf dem Boden des Pflanzgefäßes. Pflanzen Sie die Kamelie in eine saure Erde, die leicht und durchlässig ist. Nehmen Sie dafür ein Pflanzgefäß von mindestens 40 × 40 × 40 cm.
2. Stellen Sie sie dann an einem halbschattigen, windgeschützten Ort auf.

Und dann?

Achten Sie darauf, dass die Erde nicht austrocknet, vor allem nicht gegen Ende des Sommers, wenn die Pflanze ihre Knospen anzulegen beginnt. Decken Sie die Oberfläche bei Bedarf ab, damit die Feuchtigkeit länger gehalten wird. Von Mai bis Juli kann Rhododendrondünger gegeben werden.

Gut zu wissen

Kamelien kann man zusammen mit Eriken oder in großen Pflanzkübeln auch mit Skimmien, rot fruchtender *Gaultheria mucronata*, teppichbildender *Gaultheria myrsinoides* oder selbst Efeu mit panaschiertem Laub pflanzen.

Grundlagen
Sträucher, Rosen und Kletterpflanzen pflanzen S. 10
Porträts
Kamelie S. 75
Glossar
Erde S. 102
Strauch S. 107

In einen großen Tontopf gepflanzt, blüht diese *Camellia sasanqua* 'Hiryu' selbst bei Frost weiter und begeistert durch ihre sattroten Blüten mit gelber Mitte.

Ein Obstbaum für die Terrasse

Wenn Ihre Terrasse gut besonnt ist, können Sie dort auch durchaus ein paar Obstbäume in Töpfen aufstellen. Neben einer schmackhaften kleinen Ernte sehen Miniatur-Obstbäume und fruchtende Sträucher einfach hübsch aus.

Welche Arten?

Ein Apfelbaum (*Malus* Ballerina-Sorte oder 'Chenonceaux'): Diese Sorten bilden von sich aus einen langen, geraden Stamm, der bis zu 3 m Höhe erreichen kann. Denken Sie beim Pflanzen daran, gleich eine geeignete Stütze anzubringen. Auch andere Obstgehölze eignen sich für diesen Zweck: eine Rote Johannisbeere (*Ribes rubrum*), ein Zwerg-Pfirsichbaum (*Prunus persica* 'Crimson Bonfire', 'Amber' oder 'Diamond' mit purpurnen Blättern), ein Aprikosenbäumchen (*Prunus armeniaca* 'Aprigold') oder auch eine Sauer- bzw. Süßkirsche (*Prunus cerasus* 'Griotella' oder Prunus avium 'Garden Bing').

Wie wird's gemacht?

1. Stellen Sie den Wurzelballen für 20 Minuten in einen Eimer mit Wasser. Pflanzen Sie dann in einen Topf mit 35 × 35 × 35 cm; dies reicht für Gehölze bis 1,5 m Höhe aus. Mischen Sie ein reiches, durchlässiges Substrat auf Grundlage normaler Blumenerde an, und versetzen Sie es gleich mit einem Langzeitdünger.
2. Gießen Sie regelmäßig während der gesamten Wachstumszeit, und düngen Sie von März bis Juli.
3. Achten Sie ständig auf Krankheitsanzeichen in Form von Flecken. Nehmen Sie gegebenenfalls ein paar befallene Blätter mit, und lassen Sie sich in einer Gärtnerei beraten, welche Maßnahmen zu ergreifen sind.

Im Winter aufgestellt, tragen diese beiden Ballerina-Apfelbäume bereits zahlreiche Früchte und fügen sich gut zwischen die Dahlien und Wandelröschen ein.

Grundlagen
Sträucher, Rosen und Kletterpflanzen pflanzen S. 10
Glossar
Drainage S. 101
Strauch S. 107

Im Winter erledigen 〜 67

Februar | *Beispiele*

Die ersten Frühlingszwiebeln

Mit ihrer geringen Größe, zu Füßen von Ziergehölzen und in die Töpfe und Kübel anderer Bepflanzungen gesetzt, nehmen diese kleinen, früh blühenden Zwiebelpflanzen kaum Platz in Anspruch und verbreiten ihre Nachricht eines nahenden Frühlings.

Welche Pflanzen?

● Kleine Schneeglöckchen (*Galanthus nivalis*) tragen milchweiße Hängeblüten mit zartgrüner Musterung. Gehen Sie einfach mal mit der Nase heran…

● Vorfrühlings-Alpenveilchen (*Cyclamen coum*) entfalten als Erste ihre aufgekrempelten, weißen oder rosa Blüten über einem Kranz aus runden Blättern mit silbriger Marmorierung.

● Winterlinge (*Eranthis hyemalis*) besitzen elegant wirkendes Laub, über welchem die Knospen wie goldene Knöpfe erscheinen.

● Der Kleine Krokus (*Crocus chrysanthus*) schmückt sich je nach Sorte mit unterschiedlich gefärbten Blüten.

Wie wird's gemacht?

Setzen Sie die Zwiebeln schon im Oktober auch in die kleinsten offenen Flächen am Fuße von Gehölzen und zwischen andere Frühjahrsarrangements, z.B. aus Garten-Stiefmütterchen und Veilchen, Gänseblümchen und Primeln. Sie können auch eine bunte Mischung dieser Zwiebeln in eigene Gefäße pflanzen.

Und dann?

Unter dauerhafte, größere Pflanzen gesetzt, können die Zwiebeln an Ort und Stelle bleiben, um Jahr für Jahr und in immer dichter werdenden Büscheln im zeitigen Frühjahr zu erscheinen. In vorübergehenden Arrangements wird man sie eher opfern und jedes Jahr neu kaufen.

Grundlagen
Zwiebelblumen
pflanzen S. 8
Porträts
Krokus S. 77
Glossar
Erde S. 102
Zwiebel S. 110

Dieses schlichte Pflanzgefäß verschwindet fast unter den ersten Frühblühern. Weiße Schneeglöckchen und gelbe Winterlinge umrahmen einige Tulpen, die erst später blühen werden.

Tischleindeckdich für Vögel

Vögel bereiten uns stets Freude, vor allem wenn man selbst im Warmen am Fenster stehen und ihnen trotzdem draußen zusehen kann.

Wie wird's gemacht?

Schon ein einfacher Balkon genügt, um einen Futterspender für Vögel aufzubauen, der so bestückt wird:

1. Meisenringe oder -kugeln, an denen die Vögel ihre akrobatischen Künste zeigen müssen, um an eine Mahlzeit zu kommen.

2. Eine Körnermischung für Wildvögel, die eine Vielzahl von verschiedenen Vögeln anlockt und am einfachsten in einem Plastiknetz aufgehängt wird. Verfüttern Sie nichts Gesalzenes wie Erdnüsse! Für sogenannte Weichfresser wie Rotkehlchen, Zaunkönige und Heckenbraunellen bietet der Fachhandel spezielle Weichfuttermischungen an.

3. Aufgeschnittenes Obst (Apfel, Birne), das offen ausgelegt wird und auch noch die Amseln und Stare anlockt. Denken Sie daran, dass auch Vögel Durst haben, und bieten Sie ihnen eine flache Schale mit Wasser an. Wenn dieses gefriert, müssen Sie es natürlich ersetzen.

Wo aufstellen?

Vor allem außerhalb der Reichweite von Katzen! Für Katzen sind Vogelhäuschen ebenfalls ein gedeckter Tisch, nur dass sie die geladenen Gäste als Mahlzeit betrachten und alles daran setzen werden, um ihrer habhaft zu werden. Meiden Sie windige Stellen, und hängen Sie den Futterplatz nicht über Ihren Topfpflanzen auf, da Sie ansonsten im nächsten Frühjahr mit vielen unerwünschten Pflänzchen zu kämpfen haben werden.

Die Amsel ist ein anspruchsloser Allesfresser und nimmt unter anderem Körner und überreifes Obst wie Äpfel oder Birnen an.

Das Rotkehlchen frisst zwar in erster Linie Insekten, Schnecken, Würmer und Spinnen, nimmt bei frostigem Wetter aber auch Weichfutter an.

Im Winter ernährt sich die Kohlmeise von Baumsamen und Haselnüssen. Bieten Sie ihr eine Körnermischung in einer aufgehängten Fettkugel an.

Der Grünfink holt sich Körner, die andere Vögel auf den Boden fallen lassen. Am liebsten frisst er Sonnenblumenkerne und rohe Erdnüsse.

PORTRÄTS DER

Die schönsten Pflanzen für Ihren Balkon

50 PFLEGELEICHTESTEN BALKONPFLANZEN

Abutilon-Hybriden **Schönmalve**

Den Malven ähnlich, sind Schönmalven frostempfindliche Gehölze mit Blüten, die wie bunte Lampions aussehen. Einige haben darüber hinaus panaschiertes Laub. Sie machen sich gut in Pflanzkübeln und Balkonkästen, vor allem wenn man sich für eine niedrige Sorte entscheidet.

Empfehlenswerte Arten und Sorten
'Bella' wird als Samenmischung angeboten, 50 cm hoch und trägt große Blüten. *Abutilon megapotamicum* ist eine Art mit kleinen, zweifarbig rot-gelben Blütenglöckchen, die sich gut an einer Kletterhilfe ziehen lässt. 'Thompsonii' schmückt sich mit flächig gelb geflecktem Laub.

Wie wird's gemacht?
In reiche, gut durchlässige Erde und ein größeres Gefäß pflanzen. Hell und luftig aufstellen. Alle 2 Wochen mit einem Flüssigdünger versorgen.

Und dann?
Wird die Schönmalve zu groß, kann sie ohne Bedenken geschnitten werden. Bringen Sie sie vor dem ersten Frost an einen geschützten Ort auf einer Veranda oder im Haus, wo sie noch lange in den Winter hinein weiterblüht. Schönmalven lassen sich einfach durch Kopfstecklinge vermehren, die im Frühjahr geschnitten werden.

SOS
Die Erde darf nie austrocknen, wodurch es zu einer explosionsartigen Vermehrung von Spinnmilben kommen kann.

BLÜTEZEIT
J F M A M J
J A S O N D

– 2 °C

zweimal wöchentlich im Sommer

0,5 – 1,2 m

Argyranthemum frutescens **Strauchmargerite**

Strauchmargeriten werden in einer Vielzahl von Sorten mit einfachen oder gefüllten Blüten angeboten. Sie eignen sich ausgezeichnet für Töpfe, Kübel und Balkonkästen. Bisweilen findet man auch sehr dekorative Hochstämmchen. Die neueren Hybriden wachsen besonders buschig.

Empfehlenswerte Sorten
'Apricot Sunrise' hat gefüllte Blüten, während 'Jamaica Primrose' einfache Blüten in einem schönen Gelb trägt. 'Tweety' zeichnet sich durch kleine, gefüllte Blüten aus, die der Kamille ähneln. Die Sorte 'Vancouver' schmückt sich mit großen, gefüllten Blüten in Rosatönen.

Wie wird's gemacht?
In eine reiche, gut durchlässige Erde pflanzen und vollsonnig aufstellen. Wöchentlich mit Geraniendünger versorgen.

Und dann?
Nehmen Sie sich die Zeit, die verwelkten Blüten regelmäßig zu entfernen, damit die Strauchmargerite durchgehend blüht. Stecklinge können im Sommer geschnitten werden. Im Winter geschützt unterbringen.

Pflanzpartner
Blattschmuckpflanzen oder großblütige Arten

BLÜTEZEIT
J F M A M J
J A S O N D

– 4 °C

im Sommer ein- bis zweimal wöchentlich

40 – 80 cm

Begonia-Knollenbegonien-Hybriden **Knollenbegonie**

Diese Begonien verschönern einen halbschattigen Balkon den ganzen Sommer lang mit ihren zahlreichen Blüten.

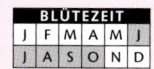

Halbschatten
möglich

0 °C

im Sommer
zweimal
wöchentlich

30–50 cm

Empfehlenswerte Sorten
'Picotee' hat große, gefüllte, gelbe oder weiße Blüten mit rotem Rand. 'Prima Donna' trägt enorm große, gekräuselte Blüten. Die hängend wachsende 'Sensation' hat ebenfalls große Blüten, während 'Bertini' für die einfachen, lebhaft roten Blüten und das purpurne Laub bekannt ist und Vollsonne gut verträgt.

Wie wird's gemacht?
Die Knollen werden ab Mitte April mit dem hohlen Teil nach oben in eine reiche, gut durchlässige Erde gesetzt und noch vor Kälte geschützt. Nach dem letzten Frost können sie nach draußen. Die Knollengröße steht in einem direkten Verhältnis zur Größe der zu erwartenden Blüten.

Und dann?
Die Erde stets feucht halten und verwelkte Blüten regelmäßig entfernen. Wöchentlich einmal mit Flüssigdünger versorgen.

SOS
Bei einem unzureichend belüfteten Standort kann schnell Echter Mehltau auftreten. Diesen gegebenenfalls mit einem speziellen Fungizid bekämpfen.

Pflanzpartner
Efeusorten mit panaschiertem Laub, blaue Lobelien, weiße Impatiens

Bidens ferulifolia **Fenchelblättriger Zweizahn**

Wenn Sie ein Meer aus sternförmigen, goldgelben Blüten über feingliedrigem Laub suchen, dann ist der überhängend wachsende Fenchelblättrige Zweizahn genau richtig für Sie.

6 °C

im Sommer
einmal
wöchentlich

30–50 cm

Empfehlenswerte Sorten
'Golden Goddess' erreicht 50 cm Höhe und ist wuchsfreudig ebenso wie die kompaktere 'Goldie', die nur 30 cm hoch wird. 'Peter's Gold Carpet' überschreitet 25 cm kaum, wächst mehr hängend und trägt große Blüten.

Wie wird's gemacht?
Eine besonders anspruchslose, gegenüber Krankheiten unempfindliche Pflanze, die auch Trockenheit verträgt. In eine reiche, gut durchlässige Erde pflanzen und stets vollsonnig aufstellen

Und dann?
Nicht mehr als einmal pro Woche Flüssigdünger geben

Gut zu wissen
Die kleinen Blüten halten sich lange in der Vase und eignen sich daher hervorragend für Blumensträuße. Die Pflanze kann sich durch Selbstaussaat verbreiten.

Pflanzpartner
Der Zweizahn macht sich gut zwischen Petunien, Pelargonien, Verbenen oder Fächerblumen und verleiht Kübeln und Balkonkästen ein besonders schönes und üppiges Aussehen.

Brachyscome multifida Australisches Gänseblümchen

Diese Pflanzen mit ihrem zarten Laub und den feingliedrigen, sternförmigen Blüten in Blau, Rosa oder Gelb eignen sich gut als blühende Kugeln in ausgefeilten Arrangements. Der niedrige Wuchs bedingt ein natürliches seitliches Herunterhängen.

Empfehlenswerte Sorten
'Hot Candy' wächst kompakt mit leuchtend rosa Blüten. 'Pink Mist' blüht rosa, 'Blue Mist' zartblau, 'Strawberry Mousse' zartrosa mit gelbem Zentrum und 'Lemon Mist' hellgelb.

Wie wird's gemacht?
Pflanzen Sie sie in eine reiche Erde, und halten Sie sie stets feucht. Vollsonnig und windgeschützt aufstellen.

Und dann?
Bei einem Hitzeschaden umgehend zurückschneiden und neu austreiben lassen.

Gut zu wissen
Das als Saatgut erhältliche Blaue Gänseblümchen (Bra-

Halbschatten möglich

– 5 °C

im Sommer zweimal wöchentlich

15 cm

chyscome iberidifolia) ist eine preiswerte Alternative zu Jungpflanzen.

Pflanzpartner
Großblütige Pflanzen wie Begonien, Pelargonien oder auch Fuchsien, deren Arrangements durch die Feingliedrigkeit der Gänseblümchen aufgelockert werden

Brugmansia ssp. Engelstrompete

Diese schöne Pflanze bringt mit ihren großen, hängenden Trichterblüten einen Hauch von Exotik sowie einen betörenden Abendduft auf jede Terrasse.

Empfehlenswerte Arten und Sorten
'Grand Marnier' hat große, cognacfarbene Blüten, B. candida 'Plena' besitzt große, gefüllte Blüten, 'Maya' blüht weiß und hat schön cremefarben panaschierte Blätter.

Wie wird's gemacht?
Nehmen Sie eine reiche Erde, die die Feuchtigkeit gut hält, denn die Pflanzen sind sehr nährstoff- und wasserbedürftig. Der Stamm sollte besser abgestützt werden. Schneiden Sie sie zurück, solange sie noch jung sind, damit sie voller wachsen, wenn Sie keine Hochstammpflanze haben wollen.

Und dann?
Jede Woche mit Flüssigdünger für Geranien versorgen. Vor dem ersten Frost an einen frostfreien, kühlen Ort bringen und allmählich immer weniger gießen. Im schlimmsten Fall vertrocknen die Triebe, jedoch treibt der Stumpf nach dem Rückschnitt im nächsten Frühjahr erneut aus.

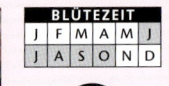

– 2 °C

im Sommer zweimal wöchentlich

1,5–2 m

Gut zu wissen
Achten Sie auf Weiße Fliegen und Spinnmilben und bekämpfen sie diese mit geeigneten Maßnahmen. Alle Teile der Pflanze sind giftig. Achten Sie daher auf Kinder!

Buxus sempervirens **Europäischer Buchsbaum**

Einfach zu pflegen und in Form zu bringen, eignen sich Buchsbäume mit ihren immergrünen Blättern bestens für Formschnitte auf der Terrasse oder dem Balkon: Kugeln, Kegel, Spiralen, Würfel oder selbst in Form von Tieren. Man stellt sie dann vorzugsweise in eigenen Töpfen auf. Jüngere Exemplare oder die Sorte 'Suffruticosa' eignen sich auch für andere Arrangements.

Empfehlenswerte Sorten
Man trifft auch auf Sorten mit panaschiertem Laub wie 'Argentea' (cremefarben) oder 'Elegantissima' (gelb), die sich für Farbakzente anbieten. 'Pyramidalis' wächst von sich aus als Kegel.

Wie wird's gemacht?
Überaus anpassungsfähig, bevorzugt ein gut durchlässiges Substrat und einen freien Standort.

Und dann?
Hauptsächlich in den beiden Monaten mit „A" (April und August) schneiden. Im Winter den Schnee abfegen, da dessen Gewicht die Form verändern kann.

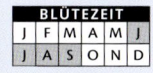

Halbschatten möglich

– 10 °C

im Sommer einmal wöchentlich

0,5 – 1,5 m

SOS
Zu viel Feuchtigkeit ist schädlich. Achten Sie daher auf eine gute Drainage, und verwenden Sie auf keinen Fall einen Untersetzer.

Camellia x williamsii **Kamelie**

Die legendäre Kamelie eignet sich gut für die Pflege in großen Töpfen und Kübeln. Die *C.-williamsii*-Hybriden sind dabei besonders wuchsfreudig und blühwillig und beginnen damit bereits als kleine Pflanzen. Sie eignen sich z. B. hervorragend als Rahmen für einen Terrassenzugang.

Empfehlenswerte Sorten
'Donation' hat gefüllte, rosafarbene, orchideenartige Blüten, 'Golden Spangles' trägt leuchtend rosa Blüten und gelb panaschiertes Laub. 'November Pink' blüht besonders früh, und 'Jury's Yellow' besitzt anemonenartige, weiße Blüten mit gelblicher Mitte.

Wie wird's gemacht?
In Rhododendronerde pflanzen und eine gute Drainage sicherstellen. Vor Wind geschützt im Halbschatten aufstellen. Kamelien eignen sich bestens für die nach Norden oder Westen ausgerichtete Terrasse.

Und dann?
Regelmäßig wässern, auch im Herbst, wenn die Blütenknospen erscheinen. Jedes Jahr organisch düngen.

– 20 °C

im Sommer einmal wöchentlich

1,5 – 2,5 m

Gut zu wissen
Kamelien vertragen das Umpflanzen gut. Man sollte sie nach Möglichkeit kaufen, wenn sie in Blüte stehen.

Pflanzpartner
Bepflanzen Sie den Platz um den Stammansatz mit panaschierten Efeu- oder Immergrünsorten.

Brachyscome bis Camélia 〜 75

Choisya ternata **Mexikanische Orangenblume**

Mit seinem immergrünen, wohlriechenden, glänzenden Laub und den weißen Blüten, die an Orangenblüten erinnern, ist dies ein opulenter Strauch, der sich einfach auf einer größeren Terrasse kultivieren lässt. Er eignet sich gut als Zentrum eines großen Pflanzkübels oder auch allein in einem großen Topf.

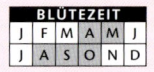

Vollsonne möglich

– 10 °C

im Sommer zweimal wöchentlich

1,5 m

Empfehlenswerte Sorten

'Sundance' ist eine Sorte mit goldenem Laub. 'Aztec Pearl' hat hingegen grüne Blätter und ist graziler. 'Goldfinger' ist sowohl kleinwüchsig als auch goldfarben belaubt.

Wie wird's gemacht?

In einen Kübel mit reicher, durchlässiger Erde pflanzen und an einer warmen, geschützten Stelle aufstellen.

Und dann?

Ein Rückschnitt wird gut vertragen und sollte nach der Blüte erfolgen, um ein übermäßiges Ausbreiten zu verhindern. Auch nach Frostschäden muss geschnitten werden. Pflanzen Sie alle paar Jahre in ein größeres Gefäß um. Die Pflanze ist nicht anfällig für Krankheiten und wächst schnell und ausladend. Vollsonne lässt oft die Blätter verblassen, eine Schattierung ist daher angebracht.

Pflanzpartner

Sträucher wie die rot blühende *Weigela* 'Alexandra'

Citrus ssp. **Zitruspflanzen**

Zitruspflanzen bieten vor allem einen Hauch Exotik. Im Winter müssen sie jedoch vor Frost geschützt werden. Man kultiviert sie in großen Töpfen oder Kübeln, wo sie im Sommer auf der Terrasse und im Winter im Haus stets Aufmerksamkeit erregen.

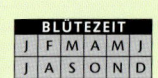

– 2 °C

im Sommer zweimal wöchentlich

1,4 m

Empfehlenswerte Arten und Sorten

Die Calamondin (*Citrus madurensis*) blüht und fruchtet während eines großen Teils des Jahres. Die immergrüne Kumquat (*Fortunella* ssp.) ist eine nahe Verwandte und sehr robust. *C. aurantiifolia* 'La Valetta' lässt sich besonders einfach kultivieren und blüht und fruchtet mehrmals im Jahr.

Wie wird's gemacht?

In eine reiche, durchlässige, kalkfreie Erde pflanzen und vorzugsweise einen Tontopf verwenden. Außer bei Arten mit ausgeprägter Winterruhe muss das ganze Jahr über einmal wöchentlich Flüssigdünger verabreicht werden.

Und dann?

Im Winter an einen hellen Platz stellen, wo 5 – 10 °C nicht unterschritten werden.

SOS

Blattläuse beseitigt man am besten mit Seifenwasser, bevor ihre klebrigen Ausscheidungen auf den Blättern Rußtaupilze anziehen. Achten Sie auch auf Schildläuse auf den Unterseiten der Blätter.

Clematis-Hybriden **Clematis**

Den Platz für einen großen Pflanzkübel vorausgesetzt, kann man diese charmanten und filigranen Pflanzen gut auf der Terrasse kultivieren.

Empfehlenswerte Arten und Sorten

'Piilu' ist eine neue Clematis mit mittelgroßen, schön geformten, rosa Blüten mit karmesinroten Streifen. C.× jackmanii ist eine klassische Vertreterin mit zahlreichen, großen, blauvioletten Blüten. 'Multiblue' hat mehrfach gefüllte, überraschend struppige, leuchtend blaue Blüten.

Wie wird's gemacht?

In einen großen Topf oder Kübel mit reicher, durchlässiger Erde pflanzen. Der Ballen sollte dabei etwa 10 cm unter der Erde sein.

Und dann?

Halten Sie den Boden stets feucht, aber nicht nass. Zu diesem Zweck kann er abgedeckt werden. Kürzen Sie jedes Jahr gegen Ende des Winters die Hälfte aller Triebe auf 10 cm über der Erde ein. Geben Sie alle zwei Wochen Flüssigdünger. Entfernen Sie stets verwelkte Blüten.

BLÜTEZEIT
J F M A M J
J A S O N D

– 10 °C

im Sommer zweimal wöchentlich

2 m

Gut zu wissen

Clematis mögen es, den Kopf in der Sonne und die Füße im Schatten zu haben.

Pflanzpartner

Ein zu Füßen einer blauen Clematis gepflanzter Lavendel oder eine Bartblume sorgen für ein reinfarbiges Arrangement und liefern gleichzeitig den erwünschten Schatten.

Crocus chrysanthus **Kleiner Krokus**

Diese wunderschönen, zarten Frühlingsboten sind anspruchslose Zwiebelpflanzen mit minimalem Platzbedarf. Trotzdem sind sie kaum zu übersehen, denn sie blühen vor den allermeisten anderen Pflanzen. Setzen Sie sie ruhig dicht an dicht in einen Topf.

Empfehlenswerte Sorten

Die großblütigen Sorten sind besonders bemerkenswert, so etwa die reinweiße 'Jeanne d'Arc', die silbrig weiße, violett gestreifte 'Pickwick', die tiefblaue 'Flower Record' und die leuchtend gelbe 'Grand Jaune'.

Wie wird's gemacht?

Setzen Sie die Zwiebeln recht flach in ein durchlässiges Substrat, und stellen Sie die Töpfe in die volle Sonne.

Und dann?

Opfern Sie die Zwiebeln nach der Blüte am besten zugunsten einer neuen Sommerbepflanzung. Die Zwiebeln brauchen eine Trockenphase, um sich zu erholen und zu vermehren, was sich mit einem Balkon, der ständig blühen soll, kaum in Einklang bringen lässt.

BLÜTEZEIT
J F M A M J
J A S O N D

– 15 °C

nicht im Sommer

20 cm

Gut zu wissen

Die zarten Blüten werden manchmal von Vögeln angefressen.

Pflanzpartner

Garten-Stiefmütterchen, Primeln oder Sträucher, zu deren Füßen sie blühen können.

Cuphea llavea 'Tiny Mice' Mickymaus-Pflanze

Wenn Sie Rot mögen, dann wird Sie diese frostempfindliche Pflanze mit ihrem originellen Aussehen begeistern. Sie wirkt durch die großen Kronblätter, die wie Mickymaus-Ohren abstehen, regelrecht komisch. Ihr hängender Wuchs macht sie besonders für Ampeln geeignet, aber auch für Kübel und Balkonkästen. Die Blütenfülle ist erstaunlich, und die Pflanze ist wenig krankheitsanfällig.

Empfehlenswerte Sorten
'Tiny Mice' ist 'Torpedo' ähnlich, und beide bringen Unmengen an scharlachroten Blüten mit purpurgrünen Herzen hervor.

Wie wird's gemacht?
In reiche Erde in ein gut drainiertes Pflanzgefäß setzen. Die Blüte wird durch einen vollsonnigen Standort gefördert.

Und dann?
Es ist ein vergebliches Unterfangen, die verwelkten Blüten entfernen zu wollen. Junge Pflanzen sollten immer wieder geschnitten werden, damit sie sich reich verzweigen. Flüssigdünger sollte alle 2 Wochen gegeben werden.

0 °C

im Sommer zweimal wöchentlich

40 cm

Gießen Sie nicht zu reichlich. Vermehrung über Stecklinge gegen Ende des Sommers.

Pflanzpartner
orange blühende Pflanzen wie *Zinnia* 'Profusion' oder Wandelröschen oder gelb blühende wie *Bidens*

Cyclamen persicum Zimmer-Alpenveilchen

Man kennt sie als Zimmerpflanzen, doch die widerstandsfähigeren Sorten eignen sich durchaus auch für spätsommerliche Arrangements auf dem geschützten Balkon oder der Terrasse und selbst für günstige Standorte im Garten. Hier machen sie dank ihrer schönen, marmorierten Blätter und der hoch aufragenden, ein- oder zweifarbigen, leicht duftenden Blüten eine gute Figur.

Empfehlenswerte Sorten
Zu den farbigsten Sorten gehören die großblütige 'Halios', die kompakte, früh blühende 'Latinia' und die zwergenwüchsige 'Métis', die sich auch für Ampeln eignet.

Wie wird's gemacht?
Setzen Sie die gekauften Pflanzen in eine lockere, durchlässige, leicht saure Erde, und stellen Sie sie an einen windgeschützten Ort. Gießen Sie regelmäßig, jedes 3. Mal mit Flüssigdünger.

Und dann?
Entfernen Sie die verwelkten Blüten regelmäßig, damit die Pflanze zum erneuten Blühen veranlasst wird.

– 2 °C

im Sommer einmal wöchentlich

30–40 cm

Gut zu wissen
Sie können die Knollen erhalten, indem Sie sie nach der Blüte aus der Erde nehmen, über mehrere Monate trocken lagern, im Mai einpflanzen und allmählich gießen.

Pflanzpartner
Purpurglöckchen, panaschiertes Immergrün

Dahlia-Hybriden **Dahlie**

Durch die neuen Zwerghybriden haben Dahlien auch in Töpfen und Balkonkästen einen Platz gefunden und können uns hier durch ihre reiche, farbenfrohe Blüte erfreuen.

Empfehlenswerte Sorten
Dahlietta- und Dahlinova-Hybriden werden in Töpfen in den verschiedensten Farben sowie mit einfachen, anderthalb und doppelt gefüllten Blüten angeboten. Die als Knollen erhältliche Galerie-Serie mit Sortennamen aus der Kunstwelt ('Leonardo', 'Renoir', 'Art deco') umfasst etwas höher wachsende Dahlien mit besonders schön geformten Blüten.

Wie wird's gemacht?
Für eine üppige Blüte in eine lockere, reiche Erde setzen und vollsonnig aufstellen.

Und dann?
Entfernen Sie regelmäßig verwelkte Blüten, um das Gewicht der Pflanzen zu vermindern und die Bildung weiterer Blüten zu begünstigen. Die durch Stecklinge vermehrten Dahlien bilden nur magere Knollen aus und halten normalerweise lediglich eine Saison. Achten Sie auf Blattläuse, denn diese lieben diese stets durstigen Pflanzen!

Pflanzpartner
Hängepflanzen wie goldfarbenes Pfennigkraut oder silberblättrige Strohblumen

BLÜTEZEIT
J F M A M J
J A S O N D

0 °C

im Sommer
zweimal
wöchentlich

30–45 cm

Diascia, Nemesia **Doppelhörnchen, Elfenspiegel**

Diese kleinen, wuchernden Pflanzen sind einander sehr ähnlich und ergänzen sich gut. Sie bieten eine Vielzahl an Farben von Weiß über Tiefrosa, Malve und Blau. Damit passen sie auch gut zu anderen Pflanzen. Sie wachsen ohne Weiteres aus ihrem Pflanzgefäß heraus, wenn sie dort keinen Platz mehr finden.

Empfehlenswerte Sorten
Diascia 'Little Charmer' blüht rosalila, 'Red Ace' rötlich, 'Coral Belle' korallenrot. *Nemesia* 'Innocence' trägt weiße, 'Blue Bird' jeansblaue Blüten. Die Sorten mit panaschiertem Laub sind allgemein weniger blühfreudig.

Wie wird's gemacht?
Ungeachtet ihrer Feingliedrigkeit handelt es sich um wuchsfreudige, buschige Pflanzen. Zum Blühen brauchen sie eine reiche, gut durchlässige Erde und viel Licht.

Und dann?
Geben Sie jede Woche Flüssigdünger. Zeigen die Pflanzen Hitzeschäden, schneiden Sie sie rigoros zurück, denn sie treiben schnell wieder aus.

Gut zu wissen
An einem gut geschützten Standort haben Sie an einigen Vertretern länger als nur ein Jahr Freude, da manche im nächsten Jahr genauso schön wie im ersten blühen.

BLÜTEZEIT
J F M A M J
J A S O N D

–1 °C

im Sommer
zweimal
wöchentlich

25 cm

Cuphea bis Diascia, Nemesia 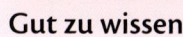 79

Erica carnea, E. × darleyensis **Schnee-Heide, Englische Heide**

Unter den zahlreichen Heiden, die im Verlauf eines Jahres nacheinander blühen, sind die Herbst- und Winterblüher für Balkon oder Terrasse von besonderem Interesse, die auch zu dieser Zeit nicht kahl aussehen sollen.

Empfehlenswerte Sorten
'Kramers Rot' trägt besonders tiefrote Blüten, 'Silberschmelze' ist ein Klassiker mit reinweißen Blüten ebenso wie 'Winter Beauty', die lebhaft rosa blüht.

Wie wird's gemacht?
In eine durchlässige, nicht notwendigerweise saure Erde pflanzen.

Und dann?
Im Winter gießen, wenn es sehr trocken ist oder die Pflanzen sehr gut geschützt sind, natürlich nicht bei Frost!

Gut zu wissen
Auch die aufrecht wachsende, rosablütige *Erica gracilis*, die meistens als Friedhofsbepflanzung für den Herbst angeboten wird, eignet sich bestens für eine schöne Balkon-

Halbschatten
möglich

– 25 °C

im Sommer
zweimal
wöchentlich

30 – 45 cm

begrünung. Sie verträgt allerdings keine Temperaturen von erheblich weniger als –5 °C. Im Handel findet man auch vielfarbige (blau, gelb, neongrün) Exemplare. Diese sind künstlich eingefärbt und sehen überhaupt nicht natürlich aus.

Pflanzpartner
Christrosen, immergrüne Sträucher wie Stechpalmen, Sträucher mit Fruchtschmuck wie Skimmien oder Winterblüher wie Sarcococca

Fragaria-Hybriden **Erdbeere**

Erdbeeren sind durchaus auch für ein Leben im Topf oder Balkonkasten geeignet und bringen dort ebenso schmackhafte Früchte wie im Garten hervor. Sie bieten sich aber auch für geschmackvolle Arrangements gemeinsam mit vielen anderen Pflanzen an.

Empfehlenswerte Sorten
'Mara des Bois' ist eine mehrfach fruchtende Sorte mit kräftigem Geschmack. 'Gariguette' fruchtet nur einmal, ist aber besonders köstlich. 'Reine des Vallées' ist eine Wald-Erdbeere, die auch Halbschatten gut verträgt, kompakt wächst, keine Ausläufer bildet und mehrfach Früchte trägt.

Wie wird's gemacht?
Pflanzen Sie sie in eine reiche, durchlässige Erde, und halten Sie diese stets feucht. Verwenden Sie wöchentlich einen Flüssigdünger für Erdbeeren. Schneiden Sie regelmäßig die Ausläufer ab. Sogenannte Frigo-Pflanzen werden schon Ende des Winters gepflanzt und tragen als Erste Früchte. Nach Ablauf von 2 Jahren müssen die Erdbeerpflanzen verjüngt werden. Dazu pflanzt man einige Ausläufer in separate Töpfe, wo sich diese problemlos weiterentwickeln.

– 15 °C

im Sommer
zweimal
wöchentlich

25 cm

Gut zu wissen
Pflanzen Sie eine einmalig, früh im Jahr fruchtende Sorte mit einer über lange Zeit ständig Früchte tragenden zusammen, können Sie von Juni bis Winteranfang ernten.

Pflanzpartner
Schnittlauch und Gold-Oregano

Fuchsia-Hybriden **Fuchsie**

Eine Balkon- oder Terrassenbepflanzung ohne ausdauernde Fuchsien mit ihren eleganten, unterschiedlich gefärbten Blüten ist praktisch undenkbar. Man sollte bei Arrangements ein Exemplar unbedingt zum Mittelpunkt machen.

Empfehlenswerte Arten und Sorten

Fuchsia magellanica 'Riccartonii' wird bis 1,2 m hoch und ist eine klassische Sorte mit grazilen Blüten und feinem Laub. 'Tom Thumb' erreicht hingegen nur 40 cm Höhe und hat rot-purpurne Blüten. 'Shadow Dancer' ist eine neue Sorte mit kompaktem Wuchs, reicher Blüte und nur 30 cm Wuchshöhe, ebenso 'California Dreamers', die sich mit wahrhaft riesigen Blüten von bis zu 8 cm Durchmesser schmückt. Die beiden Letztgenannten gehören allerdings auch zu den empfindlichsten und müssen gut vor Frost geschützt werden.

Wie wird's gemacht?

Eine reiche Erde, die die Feuchtigkeit gut hält, ist unverzichtbar. Fuchsien brauchen regelmäßig einmal pro Woche einen Flüssigdünger.

−5 °C bis −10 °C

im Sommer zweimal wöchentlich

40–130 cm

BLÜTEZEIT
J F M A M J
J A S O N D

Und dann?

Winterharte Fuchsien müssen gegen Ende des Winters zurückgeschnitten werden. Sie treiben dann schnell wieder aus. Die weniger widerstandsfähigen Vertreter müssen frostfrei überwintert werden, damit sie im Frühjahr neu austreiben.

Pflanzpartner

Knollenbegonien, Impatiens und andere halbschattenverträgliche Pflanzen

---

Hedera ssp. **Efeu**

Für einen Balkon oder eine Terrasse mit wenig Sonneneinstrahlung ist der schattenverträgliche Efeu die ideale Lösung. Er wächst in rasantem Tempo und bringt ein angenehmes Grün ins Bild. Die wuchsfreudigsten Sorten eignen sich besonders gut zum Überwuchern von kahlen Mauern, während sich die geruhsamer wachsenden besser in Pflanzkübeln und Balkonkästen machen. Man findet auch bereits formierte Pflanzen für die Gestaltung von Formschnittgehölzen, die sehr hübsch aussehen können.

Empfehlenswerte Arten und Sorten

Hedera hibernica, der Irische Efeu, wird wegen seines raschen Wachstums und des kräftig grünen Blattwerks geschätzt. Der Gewöhnliche Efeu (*H. helix*) ist der Urvater zahlreicher Züchtungen mit gelb oder cremefarben panaschierten Blättern sowie groß- oder kleinwüchsiger Sorten, z. B. 'Ivelace' mit grünem, gekräuseltem, 'Glacier' mit silbern gerandetem und 'Buttercup' mit goldfarbenem Laub.

Wie wird's gemacht?

Bei starker Luftverschmutzung die Blätter ab und an abwaschen.

Schatten möglich

−15 °C

im Sommer einmal wöchentlich

2 m

Und dann?

Den Trieben muss immer wieder die Wachstumsrichtung vorgegeben werden. Beschneiden ist kein Problem.

Gut zu wissen

Alte Blütentriebe tragen rautenförmige Blätter, die sich stark von den gelappten Jugendblättern unterscheiden.

Erika bis Hedera ～ 81

Heliotropium-Hybriden **Sonnenwende**

Heliotropium ist eine Pflanze mit einem herrlichen, zarten Duft nach Vanille und Pfefferkuchen. Die runzeligen Blätter und die großen Dolden aus tiefblauen Blüten sind weitere herausragende Merkmale.

Empfehlenswerte Sorten
'Marine' hat besonders dunkle Blüten und Blätter und ist als Saatgut erhältlich.

Wie wird's gemacht?
In reiche Erde pflanzen und immer gut feucht halten.

Und dann?
Düngen Sie jede Woche mit einem flüssigen Geraniendünger, und gießen Sie regelmäßig, damit die Erde gut feucht bleibt. Im Herbst kann man die Sonnenwende auf die Veranda stellen, damit man noch möglichst lange etwas von ihrem schönen Duft hat. Je kühler es wird, desto weniger gießen.

Gut zu wissen
Einige der neueren samenvermehrbaren Sorten wachsen sehr kompakt. Die herkömmlichen Sorten können auch über Stecklinge vermehrt werden und duften am stärksten.

Pflanzpartner
Helichrysum petiolare, strohgelbe Strauchmargeriten oder auch orangefarbene Gazanien

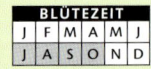
BLÜTEZEIT
J F M A M J
J A S O N D

Halbschatten möglich

– 3 °C

im Sommer zweimal wöchentlich

45 cm

Helleborus ssp. **Christrose**

Die Christrose und ihre Verwandten stechen unter allen anderen Balkonpflanzen durch ihre Winterblüte hervor. Nutzen Sie daher ihre ersten Blüten für Farbtupfer auf dem Balkon oder der Terrasse.

Empfehlenswerte Arten
Die Christrose (*Helleborus niger*) trägt weiße Blüten, verträgt Raureif und blüht sehr früh. Ihr folgt die Orientalische Nieswurz (*H. orientalis*), die rosa, rot, cremefarben oder gelblich blüht, manchmal gesprenkelt oder gefleckt.

Wie wird's gemacht?
In große, gut drainierte Töpfe mit reicher, durchlässiger Erde pflanzen. Die Erdoberfläche kann man mit frischem Moos abdecken, was sehr dekorativ wirkt.

Und dann?
Nach dem Abblühen stellt man die Töpfe bis zum nächsten Winter an einen schattigen Platz auf der Terrasse oder im Garten. Alle 2 Jahre in ein etwas größeres Gefäß umtopfen. Ab Januar sollte man bei *H. orientalis* die alten Blätter abschneiden, um Platz für schönere neue zu schaffen.

Pflanzpartner
Krokus, Schneeglöckchen und Kleiner Winterling, alle vorgetrieben

BLÜTEZEIT
J F M A M J
J A S O N D

– 15 °C

im Sommer einmal wöchentlich

30–45 cm

Hibiscus rosa-sinensis **Chinesischer Roseneibisch**

Die farbenfrohen, filigranen Blüten bringen so auch auf den kleinsten Balkon einen Hauch von Exotik. Die Pflanze kultiviert man am besten in ihrem eigenen großen Topf, was auch das Ein- und Ausräumen einfacher macht.

0 °C

im Sommer
zweimal
wöchentlich

0,6–1,2 m

Empfehlenswerte Sorten
Neben der klassischen Art mit roten Blütenblättern findet man heute Sorten mit einfachen bis gefüllten, mehr oder weniger großen Blüten in leuchtenden Farben, einfarbig oder mit anders gefärbter Mitte. 'Variegata' bietet erstmals auch schön panaschiertes Laub.

Wie wird's gemacht?
In eine reiche, durchlässige Erde pflanzen und unbedingt vollsonnig aufstellen. Regelmäßig gießen und bei jeder 2. Wassergabe flüssig düngen.

Und dann?
Als frostempfindliche Pflanze muss Roseneibisch deutlich vor Frostbeginn in einen hellen Raum mit mindestens 12 °C oder sogar in einen Wohnraum gebracht werden. Im Frühjahr umtopfen, dabei bei Bedarf Triebe einkürzen.

SOS
Blattläuse können neuen Trieben und auch den Knospen zu schaffen machen. Halten Sie sie mit Seifenwasser in Schach, mit dem Sie die gesamte Pflanze wiederholt besprühen.

Hosta ssp. **Funkie**

Die gut an ein Leben im Schatten angepassten Pflanzen sind vor allem wegen ihres grünen, blauen oder gelb bis cremefarben panaschierten Laubs attraktiv. Sie blühen im Sommer und schieben dazu Büschel weißer oder zartlila gefärbter Blüten über das Blattwerk hinaus. Als Solitär oder in Gesellschaft blühender Pflanzen tragen sie wirkungsvoll zum Gesamtbild bei.

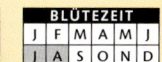

– 15 °C

im Sommer
zweimal
wöchentlich

40–55 cm

Empfehlenswerte Arten und Sorten
'Halcyon' wächst kompakt, hat blaue, lang gestreckte Blätter und verträgt Sonne. Bei 'Francee' sind die grünen Blätter mit einem feinen weißen Saum versehen. 'Sun Power' trägt gewellte Blätter mit abgestuften goldgelben Tönen. Die grünblättrige *Hosta plantaginea* 'Grandiflora' wird vor allem wegen ihrer weißen, duftenden Blüten geschätzt.

Wie wird's gemacht?
Setzen Sie die Pflanzen in eine mit Kompost vermischte, gut aufgelockerte Erde. Verteilen Sie darauf rund um die Pflanze eine 5 cm dicke Schicht aus toten Blättern und Nadelbaummulch, sodass die Erde frisch bleibt. Diese Pflanzen reagieren empfindlich auf Flüssigdünger.

Und dann?
Sie können sich über viele Jahre an diesen langsamwuchsigen Pflanzen im Topf erfreuen.

SOS
Nackt- und Gehäuseschnecken fressen gerne die Blätter und können dadurch erheblichen Schaden anrichten. Verteilen Sie daher vorsorglich Schneckenpulver oder verlegen Sie einen Kupferdraht um den Topf.

Heliotropium bis Hosta 83

PORTRÄTS

Hyacinthus orientalis **Hyazinthe**

Mit ihren dichten, köstlich duftenden Blütenständen in Farben, die von einem reinen Weiß über Gelb, Orange, Rosa bis Rot reichen und auch alle Schattierungen von Blau umfassen, dürfen die zierlichen Hyazinthen nicht fehlen.

Empfehlenswerte Sorten
'Carnegie' blüht weiß, 'Lady Derby' perlmuttrosa und 'Bleu de Delft' porzellanblau. 'Hollyhock' hat gefüllte, dunkelrote Blüten.

Wie wird's gemacht?
Kaufen Sie keine Zwiebeln, die weich oder ausgetrocknet, stark ausgetrieben, angefault oder von Blattläusen befallen sind. Pflanzen Sie die Zwiebeln im Herbst einfach in eine reiche, gut drainierte Erde und zwar so, dass sie gerade bedeckt sind. Verhindern Sie, dass das Pflanzgefäß durchnässen kann, und stellen Sie es daher auch vor Regen geschützt auf.

Und dann?
Es lohnt nicht, die Zwiebeln erhalten zu wollen. Kaufen Sie besser jeden Herbst neue.

Gut zu wissen
Die Zwiebelgröße steht in direktem Verhältnis zur Blütengröße.

Pflanzpartner
Veilchen, Garten-Stiefmütterchen, Primeln, im Frühjahr blühende Zwiebelpflanzen wie Narzissen und Tulpen

BLÜTEZEIT

J	F	M	A	M	J
J	A	S	O	N	D

– 12 °C

mäßig

25 cm

Hydrangea macrophylla **Garten-Hortensie**

Hortensien werden vor allem gegen Anfang des Sommers angeboten. Sie eignen sich gut für die Kultur in großen Töpfen oder Kübeln auf der Terrasse. Es gibt Zwergsorten, die allerdings auch schon größere Pflanzgefäße benötigen. Die klassischen Vertreter sind nur in sehr großen Kübeln unterzubringen.

Empfehlenswerte Sorten
Treffen Sie Ihre Wahl vorzugsweise unter den Zwergsorten mit kugelförmigen Blütenständen, die einfach schöner und blühfreudiger sind. 'Hörnli' erreicht 40 cm Höhe und blüht zartrosa, die leuchtend blaue 'Steiniger' wird 45 cm hoch, die 50 cm hohe 'Rosita' trägt dunkelrosa Blüten. 'Tovelit' zeichnet sich durch ihre dicht geschlossenen, ballförmigen Blütenstände in Rosa aus.

Wie wird's gemacht?
Hortensien bevorzugen eine leicht saure Erde und eine konstante Feuchtigkeit. In der häufig empfohlenen Rhododendronerde trocknen sie sehr schnell aus. Vor der Blüte jede Woche mit einem Flüssigdünger stets auf feuchte Erde düngen. Umtopfen ist etwa alle 3 Jahre erforderlich.

Und dann?
Entfernen Sie regelmäßig die nicht mehr schön aussehenden Blüten. Schneiden Sie gegen Ende des Winters die Zweige um die Hälfte zurück. Achten Sie aber auf späte Frosteinbrüche, die die jungen Triebe schädigen können.

Gut zu wissen
Durch die saure Pflanzerde können manche rosafarbenen Sorten blau werden. Dieser Effekt kann auch gezielt mit einem im Fachhandel erhältlichen Mittel erreicht werden.

BLÜTEZEIT

J	F	M	A	M	J
J	A	S	O	N	D

– 15 °C

im Sommer zweimal wöchentlich

0,40 – 1,20 m

Impatiens-Hybriden **Impatiens**

Diese schattenverträglichen Pflanzen sind für den Topfgärtner unverzichtbar. Sie blühen den ganzen Sommer hindurch und breiten sich langsam immer weiter aus.

Empfehlenswerte Arten und Sorten
Die für das Blumenbeet ausgewiesenen Sorten wachsen verstärkt in die Breite und blühen im Überfluss. Sie sind in allen möglichen Blütenfarben erhältlich: Rot, Orange, Rosa, Malve, Weiß, ein- oder zweifarbig, einfach oder gefüllt. Fleißige Lieschen (*Impatiens-walleriana*-Hybriden) wachsen schnell, eher in die Höhe und tragen weniger, dafür aber sehr große Blüten und haben herrlich grünes, teils verschiedenfarbig panaschiertes Laub.

Wie wird's gemacht?
In fette Erde pflanzen und nie austrocknen lassen – das ist alles, was diese dankbaren Pflanzen verlangen.

Und dann?
Bringen Sie sie vor dem ersten Frost ins Haus oder auf die Veranda, wo sie weiterblühen werden. Die Vermehrung durch Stecklinge ist ein Kinderspiel: Man zwickt einen

Vollsonne möglich

0 °C

im Sommer zweimal wöchentlich

20–35 cm

Trieb ab und stellt ihn in Wasser, bis er Wurzeln entwickelt hat. Ein Stückchen Holzkohle verhindert Fäulnis.

Gut zu wissen
Fleißige Lieschen vertragen meistens auch Sonne, wenn sie dadurch nicht austrocknen.

Lantana camara **Wandelröschen**

Die kompakt buschig wachsenden, exotischen, mit duftendem Laub versehenen Pflanzen bringen zahlreiche bunte Blüten hervor und sind auch als niedrige Hochstammformen erhältlich.

Empfehlenswerte Sorten
Alle Sorten sind sehr zu empfehlen, egal ob sie weiß, rosa, rot oder orange blühen. Farbschattierungen ergeben sich oft aus dem individuellen Alter der Blüten.

Wie wird's gemacht?
Eine reiche, durchlässige Erde und ein vollsonniger Standort sorgen für schnelles Wachstum und eine reiche Blüte. Einmal pro Woche mit dem Gießwasser düngen.

Und dann?
Wandelröschen müssen vor dem ersten Frost an einen geschützten Platz mit mindestens 12 °C gebracht werden, wo sie noch für einige Zeit blühen. Lassen Sie die Triebe nicht ungezügelt in die Länge wachsen. Schneiden Sie die Pflanze im Frühjahr stark zurück, topfen Sie sie um, und stellen Sie sie etwa gegen Mitte Mai wieder nach draußen.

– 2 °C

im Sommer zweimal wöchentlich

35 cm

SOS
Bei stauender Luft kommt es schnell zu einem Befall mit Weißer Fliege. Sorgen Sie daher von Anfang an für ein gesundes Umfeld.

Pflanzpartner
Neuseelandflachs (*Phormium*), Engelstrompete, Bougainvillee

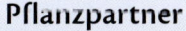

Hyacinthus bis Lantana 85

Lavandula ssp. **Lavendel**

Der aus südlichen Gefilden stammende Lavendel bietet sich mit seinem zarten Duft und den wunderschönen, aufrechten Blütenständen geradezu für die Kultur in Topf oder Kübel an. Auch ist er widerstandsfähiger, als man vermuten mag. Sein blaugraues Laub ist ein weiteres Plus ebenso wie die kompakte, kugelige Wuchsform.

Empfehlenswerte Arten und Sorten
Geben Sie kleinen Vertretern des Echten Lavendels (*Lavandula angustifolia*) den Vorzug: 'Hidcote' blüht dunkelviolett, 'Pink Rosea' blassrosa. Die Sorte 'Pedunculata' des Schopf-Lavendels (*L. stoechas*) wächst als merkwürdige, aber dekorative Kugel von bis zu 60 cm Durchmesser, ist aber ein wenig empfindlicher.

Wie wird's gemacht?
Nötig sind sehr durchlässige Erde und Vollsonne.

Und dann?
Schneiden Sie Lavendel nicht bis auf den Grund herunter, sondern nur bis über dem ersten Auge. Verwelkte Blüten sollten nur bis knapp über dem Laub abgeschnitten werden.

– 10 °C

im Sommer einmal wöchentlich

40–60 cm

BLÜTEZEIT
J F M A M J
J A S O N D

Gut zu wissen
Die Blüten ziehen Bestäuberinsekten wie Bienen an, sodass Sie auf kleine Kinder achten sollten. Die getrockneten Blüten kann man für einen frischen Duft in Schuh- und Wäscheschränken, aber auch für Blumensträuße verwenden.

Lilium ssp. **Lilie**

Die Lilie ist eine ausgesprochen aristokratische Pflanze, die dennoch einfach zu pflegen ist. Ihre Zwiebeln pflanzt man im Herbst oder besser noch im Frühjahr. In Töpfe gesetzt, macht sie sich besonders gut beiderseits eines Eingangs.

Empfehlenswerte Arten und Sorten
'Star Gazer' ist eine Orienthybride mit sehr großen, rosaroten, duftenden Blüten, *Lilium regale* 'Album' ein Klassiker mit großen, weißen, duftenden Trompetenblüten, und 'Enchantment' zeichnet sich durch hell orangefarbene, aber nicht duftende Blüten aus.

Wie wird's gemacht?
In eine reiche, leichte Erde pflanzen und warm und geschützt aufstellen. Sehr hochwüchsige Lilien müssen gestützt werden. Abgeblühte Töpfe sind wenig ansprechend und sollten nach hinten gestellt werden.

Und dann?
Nach der Blüte weniger gießen. Schneiden Sie verwelkte Blüten ab, aber nicht die Blätter, denn sie versorgen noch die Zwiebeln. Im nächsten Frühjahr umpflanzen.

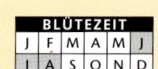

– 10 °C

im Sommer zweimal wöchentlich

0,5–1,2 m

BLÜTEZEIT
J F M A M J
J A S O N D

SOS
Das Lilienhähnchen ist ein roter Käfer, dessen Larven Lilienblätter und -knospen anfressen. Sammeln Sie sie ab, wenn sie im Mai auftauchen, oder verwenden Sie ein Insektizid.

Lonicera japonica Japanisches Geißblatt

Der Duft der Blüten ist abends besonders kräftig und lässt die Anwesenheit der immergrünen Pflanze in einem großen Topf oder Kübel auf einer beschatteten Terrasse mehr als gerechtfertigt erscheinen.

Empfehlenswerte Arten und Sorten
'Halliana' ist eine der am reichsten blühenden Sorten in einer eleganten Mischung aus Gelb und Creme. *Lonicera heckrottii* 'Gold Flame' ist mit ihren gelben, purpur linierten Blüten ebenfalls zu empfehlen.

Wie wird's gemacht?
Benötigt wird eine reiche Erde, die die Feuchtigkeit gut hält. Starkes Einkürzen erzwingt einen kompakten Wuchs.

Und dann?
Zum Verkleiden einer Mauer sollten die Triebe in der gewünschten Richtung befestigt werden.

Gut zu wissen
Das dichte Wurzelwerk schränkt das Wachstum untergepflanzter Gewächse ein.

− 20 °C

im Sommer zweimal wöchentlich

2 m

SOS
Blattläuse haben eine Vorliebe für die zarten Triebe. Bekämpfen Sie sie mit Seifenwasser, bevor sie zur Plage werden.

Pflanzpartner
Solange die Pflanze noch jung ist, kann man sie am Fuß mit einem Hängeefeu oder panaschierten Immergrün unterpflanzen.

Matthiola incana Garten-Levkoje

Nicht nur wegen ihres vollen Duftes verdient die Garten-Levkoje einen Platz in saisonalen Arrangements. Sie bringt darüber hinaus auch noch wunderschöne, gefüllte Blüten an aufrecht stehenden, dicht besetzten Blütenständen mit. Stellen Sie den Topf am besten auf Nasenhöhe, damit Sie den herrlichen Duft voll genießen können.

Empfehlenswerte Sorten
Die Pflanzen werden gewöhnlich in Topfen ohne spezielle Sortennamen angeboten. Wählen Sie am besten die typischen Farben: frisches Rosa, Malve, Lavendelblau oder Hellgelb, je nachdem, was gut zu den anderen Pflanzen in Ihrem Arrangement passt.

Wie wird's gemacht?
In reiche, durchlässige Erde pflanzen und sonnig aufstellen, damit Sie abends den Duft in vollen Zügen genießen können.

Und dann?
Garten-Levkojen halten sich in Gefäßen nicht länger als ein Jahr, und es ist nutzlos, sie länger kultivieren zu wollen.

− 5 °C

im Sommer zweimal wöchentlich

30–40 cm

SOS
Achten Sie auf einen Befall mit Echtem Mehltau, der besonders bei trockener, heißer Witterung auftritt. Sorgen Sie für feuchte Bedingungen, und behandeln Sie bei Bedarf mit einem Fungizid.

Lavandula bis Matthiola ∽ 87

Mentha ssp. Minze

Wie praktisch ist es doch, diese vielfältig für Kräutertees oder als Küchengewürz verwendbaren Pflanzen mit ihrem aromatisch duftenden Laub stets in Reichweite zu haben. Sie sehen darüber hinaus vielfach auch noch sehr hübsch aus.

Empfehlenswerte Arten und Sorten

Neben den zahlreichen Züchtungen mit Schokoladen-, Zitronen-, Erdbeerduft etc. sind jene mit panaschierten Blättern wie die weiß gesäumte *Mentha rotundifolia* 'Variegata' oder auch *M. suaveolens* 'Variegata' besonders dekorativ.

Wie wird's gemacht?

Pflanzen Sie Minze in eine Erde, die die Feuchtigkeit gut hält, vermeiden Sie aber unbedingt Staunässe, die Minzen nicht vertragen.

Und dann?

Ernten Sie die Blätter für den Gebrauch, bevor die Triebe Blüten ansetzen. Bei Bedarf können Sie auch sehr viel ernten, denn die Minze wird bald wieder neue Blätter bilden.

Schatten möglich

– 15 °C

im Sommer dreimal wöchentlich

30 cm

Gut zu wissen

Alle Minzen breiten sich aus, indem sie Ausläufer bilden, aus denen sich neue Pflanzen entwickeln. Es ist daher besser, sie alleine in eigenen Töpfen zu kultivieren anstatt in Arrangements.

Narcissus Narzisse

Die frische Farbe der Blüten kündigt im Frühjahr das Wiedererwachen der Natur an. Einfach oder gefüllt, gelb, orange, rosa oder weiß, oftmals zweifarbig, bereiten sie große Freude und sind, in Gruppen zu 3 oder 5 gesetzt, ideale Lückenfüller.

Empfehlenswerte Sorten

Geben Sie Zwerg- oder niedrigen Sorten wie 'Thalia' mit mehreren weißen, duftenden Blüten, 'Tête à Tête' mit kleinen, gelben Blüten, die jeweils paarweise angeordnet sind, oder 'Hawera' mit zahlreichen, kleinen, goldgelben Blüten den Vorzug.

Wie wird's gemacht?

Setzen Sie die recht kleinen Zwiebeln tief in besonders hohe (30 cm) Pflanzgefäße mit leichter Erde, und stellen Sie diese sonnig auf.

Und dann?

Lassen Sie die Blätter von allein einziehen, damit sie zuvor noch die Zwiebeln ernähren, sodass diese auch nächstes Jahr wieder austreiben können.

– 15 °C

mäßig

30–45 cm

Gut zu wissen

Die Größe der Zwiebeln steht in direktem Verhältnis zur Höhe des Blütenstandes.

Pflanzpartner

Garten-Stiefmütterchen, Primeln und Veilchen

Nerium oleander **Oleander**

Als Charakterpflanze mediterraner Gefilde geizen diese immergrünen Gehölze nicht mit farbenfrohen, einfachen oder gefüllten und manchmal schwach duftenden Blüten. Sie werden gewöhnlich in Töpfe und Kübel gepflanzt und machen sich besonders gut als große Solitäre, die einen Eingang einrahmen. Die kahle Erdoberfläche lässt sich gut mit Kieseln verschönern.

BLÜTEZEIT
J F M A M J
J A S O N D

– 3 °C

im Sommer
zweimal
wöchentlich

1,2 – 2 m

Empfehlenswerte Sorten

Es gibt zahllose Sorten, von denen für Terrasse und Balkon besonders die interessant sind, die maximal eine Höhe von 1,2 m erreichen. Hierzu zählen 'Petite Salmon' in Lachsrosa, 'Petite Red' in Karmesinrot und 'Petite Pink' in Rosa.

Wie wird's gemacht?

Verwenden Sie eine reiche, durchlässige Erde, und gießen Sie regelmäßig einmal wöchentlich mit Flüssigdünger.

Und dann?

Überwintern Sie die Pflanzen an einem hellen Ort bei mindestens 5 °C. Im Frühjahr die Triebe einkürzen und die Pflanzen nach dem letzten Frost wieder nach draußen stellen. Alle 2 Jahre umtopfen und dabei die Wurzeln einkürzen.

Gut zu wissen

Alle Teile der Pflanze sind giftig. Achten Sie daher auf Kinder!

Ocimum ssp. **Basilikum**

Basilikum ist einerseits unentbehrlich für die mediterrane und sommerliche Küche, andererseits aber auch eine sehr dekorative Pflanze mit grünem oder purpurfarbenem Laub.

RÉCOLTE
J F M A M J
J A S O N D

0 °C

im Sommer
einmal
wöchentlich

25 – 45 cm

Empfehlenswerte Sorten

'Balkonstar' ist eine sehr kompakte Zwergsorte mit kleinen, grünen Blättern. 'Rubin' trägt auch kleine Blätter, nur sind diese purpurfarben. 'Sacré de Taïlande' ist grün belaubt und duftet exotisch. 'Mammouth' trägt riesige, duftende Blätter.

Wie wird's gemacht?

Kaufen Sie vorgezogene Pflänzchen, oder säen Sie ab Ende Mai an einer geschützten Stelle selbst aus, und pflanzen Sie die Sämlinge dann in einzelne Töpfe um. Stutzen Sie die Pflanzen immer wieder, um einen kompakten Wuchs anzuregen. Verwenden Sie eine gut durchlässige Erde, und stellen Sie die Pflanzen vollsonnig auf.

Und dann?

Entfernen Sie die Blüten schon im Knospenstadium zugunsten einer dichteren Belaubung.

Gut zu wissen

Am offenen Fenster hält der Duft des Basilikums unerwünschte Insekten und vor allem Mücken fern.

Pflanzpartner

sonnenliebende Blütenpflanzen oder andere Gewürzpflanzen wie Bohnenkraut, Thymian, Schnittlauch

Osteospermum **Kapmargerite**

Mit ihren seidigen Blüten sorgen diese exotischen Blumen für ein den ganzen Sommer anhaltendes Blütenspektakel.

Empfehlenswerte Sorten

'Symphonie' ist eine besonders reich in warmen oder Pastellfarben blühende Sorte. Andere neuere Sorten zeigen Töne von Rosa, Reinweiß, Malve oder Magenta, manchmal mit seltsam spatelförmigen Blütenblättern und sehr kleinem Wuchs.

Wie wird's gemacht?

Eine reiche, lockere Erde und Sonne ist alles, was diese Pflanze braucht. Regelmäßige Gaben eines Flüssigdüngers verlängern die Blütezeit.

Und dann?

Wenn Sie sich die Pflanzen von einem Jahr auf das nächste erhalten wollen, sollten Sie gegen Ende des Sommers Stecklinge nehmen.

Gut zu wissen

Die Blütezeit beginnt im Juni und hält bis Oktober an, je-

doch öffnen sich die Blüten dieser aus Südafrika stammenden Pflanze nur in voller Sonne völlig.

Pflanzpartner

Sommerblüher wie blaue Lobelien, Wandelröschen, Mickymaus-Pflanzen etc.

0 °C

im Sommer
dreimal
in 2 Wochen

25 cm

Pelargonium ssp. **Pelargonie**

Pelargonien, die im Volksmund häufig Geranien genannt werden, vertragen keinen Frost. Trotzdem sorgen sie für eine sehr effiziente und farbenprächtige Begrünung.

Empfehlenswerte Arten und Sorten

Zonal-Pelargonien: 'Stellar' oder 'Fireworks' mit sternförmigen Blüten, 'Mrs. Strang' oder 'Mistress Mappin' mit einem kontrastierenden „Auge" und panaschiertem Laub Efeublättrige Pelargonien: die berühmte 'Roi des balcons', 'Crocodile' mit ungewöhnlichen, weiß geäderten Blättern, 'Rouletta' mit anderthalbfach gefüllten Blüten in Weiß oder mit rotem Rand
Duftpelargonien: *Pelargonium capitum* mit Rosenduft, *P. fragrans* 'Variegated' mit einem harzigen Geruch und kleinen panaschierten Blättern, 'Prince of Orange' mit Zitrusaroma, *P. tomentosum* mit samtigem Laub und Minzeduft, die alle auch Trockenheit vertragen.

Wie wird's gemacht?

Wöchentliche Flüssigdüngergaben auf zuvor durchfeuchtete Komposterde und regelmäßiges Entfernen verwelkter Blüten sorgen für eine anhaltend üppige Blüte.

Und dann?

Stellen Sie die Gefäße über Winter trocken, hell und kühl auf. Im Frühjahr in Komposterde umpflanzen und zurückschneiden, bevor die Pflanzen wieder austreiben.

Pflanzpartner

Blattschmuckpflanzen oder saisonale Pflanzen wie *Bidens*, Fächerblume, Surfinia-Petunien

– 2 °C

im Sommer
zweimal
wöchentlich

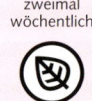

30 cm

Petunia-Hybriden **Petunie**

Die Vielzahl an klassischen, samenvermehrbaren Petunien ist teils durch züchterisch bearbeitete, nur stecklingsvermehrbare Pflanzen wie die bekannten großblütigen Surfinias ersetzt worden. Diese wachsen hängend und eignen sich daher gut für Hängekörbe.

Empfehlenswerte Sorten

Zu den Klassikern mit großen Blüten zählen die zitronengelbe 'Prism Sunshine', 'Pink Morn' mit rosa Blüten und weißem Herz und die doppelt gefüllte, dunkelrosa-weiß blühende 'Pirouette'. Empfehlenswerte Surfinias sind die hellblau geäderte, doppelt gefüllte, duftende 'Priscilla', die einfache, hellgelbgrüne 'Lime' und die blauviolette 'Fortunia'. Wenn Sie eher eine Fülle kleiner Blüten mögen, wählen Sie eine der Million-Bells-Typen wie die orangegelbe 'Terracotta' oder die rosafarbene 'Cherry' mit gelbem Herz.

Wie wird's gemacht?

Alle Sorten einschließlich der wuchernden Surfinias sind sehr nährstoffbedürftig. Verwenden Sie daher eine reiche, lockere Komposterde, und düngen Sie wöchentlich mit Flüssigdünger.

Und dann?

Zum Ende der Saison durch im Frühjahr blühende Zweijährige oder Zwiebeln ersetzen und für diese völlig neue Erde verwenden.

SOS

Diese Pflanzen werden bisweilen von einer Viruserkrankung befallen. Da kein Heilmittel existiert, muss man erkrankte Exemplare umgehend vernichten, bevor sie andere anstecken können.

0 °C

im Sommer zweimal wöchentlich

0,25–1,5 m (bei Hängesorten)

Primula-vulgaris-Hybriden **Kissen-Primel**

Die winterharten, langlebigen Kissen-Primeln sind in einer Unzahl verschiedener Blütenfarben, mit kleinen oder großen Blüten sowie flach oder kurzstämmig wachsend erhältlich. Sie eignen sich für Topf, Kübel und Balkonkasten sowie auch als Bodendecker für größere Solitäre.

Empfehlenswerte Sorten

Treffen Sie unter bereits blühenden Pflanzen Ihre Wahl, denn die Pflanzen werden zumeist ohne Sortenbezeichnung verkauft. Die älteren Züchtungen mit gefüllten Blüten sind wieder in Mode gekommen, z.B. 'Quaker's Bonnet' in Zartrosa, 'Corporal Baxter' in Rot oder 'Dawn Ansell' in Weiß mit grünem Kragen.

Wie wird's gemacht?

Verwenden Sie eine reiche, lockere Erde, und pflanzen Sie im Herbst oder noch besser gegen Ende des Winters.

Und dann?

Lassen Sie die Pflanzen über mehrere Jahre in ihren Gefäßen gedeihen. Bei Bedarf können Sie sie nach der Blüte teilen und so neue Pflanzen erhalten.

Gut zu wissen

Der Preis von Kissen-Primeln liegt über dem von Garten-Stiefmütterchen und ist auf den hohen Preis des Saatguts und das langsamere Wachstum zurückzuführen.

Pflanzpartner

im Frühjahr blühende Zwiebelpflanzen

Halbschatten möglich

– 10 °C

im Sommer einmal wöchentlich

25–30 cm

Osteospermum bis Primula ⤿ 91

Rhododendron-Hybriden **Japanische Azalee**

Im Gegensatz zu den nicht winterharten, für das Haus gedachten Azaleen fühlen sich die immergrünen Japanischen Azaleen ganzjährig im Garten oder auf der Terrasse wohl und sorgen in ihren Trögen im späten Frühjahr für eine unvergessliche Blütenfülle.

Empfehlenswerte Sorten
'Silver Queen' mit elegant panaschierten Blättern blüht lebhaft rosa. 'Haru No So' hat rosa und weiße Blüten an derselben Pflanze. 'Vuyk's Scarlet' blüht rot, 'Palestrina' reinweiß.

Wie wird's gemacht?
Das Wichtigste ist, dass diese Sträucher nur in saurer Rhododendronerde gedeihen. Diese trocknet schnell aus, was im Sommer häufiges und vor allem regelmäßiges Gießen erforderlich macht.

Und dann?
Stellen Sie die Pflanze nach der Blüte in den Halbschatten, um ein Austrocknen zu verhindern. Erneuern Sie alle 5 Jahre die oberste Erdschicht.

Gut zu wissen
Die Knospen für die nächste Blüte bilden die Sträucher schon im Herbst. Vernachlässigen Sie die Pflanzen in dieser Zeit nicht, achten Sie auf die Wasserversorgung.

Pflanzpartner
Farne, panaschierter Efeu, kleine, im Frühjahr blühende Zwiebelpflanzen wie Narzissen oder Traubenhyazinthen

 – 20 °C
 im Sommer zweimal wöchentlich
0,8 – 1,3 m

Rhododendron-Hybriden **Rhododendron**

Eine sich im Sommer nicht überhitzende Terrasse ist eine Grundvoraussetzung für die erfolgreiche Kultur eines Rhododendrons, d.h. zumindest einer der sehr kompakten oder zwergwüchsigen Sorten. Sie füllen leeren Raum mit ihrem immergrünen Laub und schließlich mit ihrer farbigen Blütenpracht.

Empfehlenswerte Sorten
'Scarlet Wonder' wird nur bis zu 50 cm hoch, breitet sich seitlich aus und trägt lebhaft rote Blüten in Form kleiner Glocken. 'Percy Wiseman' blüht aprikosenfarben mit nuanciert rosa Rändern, 'Goldkrone' goldgelb bis rubinrot.

Wie wird's gemacht?
Die Pflanze benötigt unbedingt eine saure Rhododendronerde. Da diese schnell austrocknet, sind im Sommer regelmäßige, häufige Wassergaben unabdingbar. Stellen Sie das Pflanzgefäß vor Wind und sengender Sonne geschützt auf.

Und dann?
Entfernen Sie die verwelkten Blüten, und geben Sie jedes Frühjahr einen organischen Dünger.

Gut zu wissen
Regelmäßig bis in den Herbst hinein gießen.

Pflanzpartner
Erika, eine Skimmie mit roten Früchten oder Zwergazaleen, die alle die gleichen Ansprüche haben

 – 15 °C
 im Sommer zweimal wöchentlich
0,4 – 1,5 m

Rosa-Hybriden **Rose**

Sie können sich auch auf Balkon oder Terrasse an der Königin der Blumen erfreuen, wenn Sie eine der Sorten auswählen, die nur einen geringen Platzbedarf haben.

Empfehlenswerte Sorten

Für die Terrasse sind niedrigwüchsige Sorten gut geeignet, , die man dann in ihre eigenen Töpfe oder größere Kübel setzt. Hier stehen z. B. die charmante, klassische 'The Fairy' mit 50 cm Höhe und rosafarbenen Blüten oder 'Emera' mit 45 cm Höhe und gefüllten, fuchsiafarbenen Blüten zur Auswahl. Letztere erweist sich als ganz besonders blühfreudig und widerstandsfähig, ebenso wie die grazile, reinweiße 'Opalia'. 'Little White Pet' bietet hingegen pomponartige, stark gefüllte, weiße Blüten, die auf der Rückseite zartrosa sind.

Wie wird's gemacht?

Pflanzen Sie den Wurzelballen in einen größeren, gut drainierten Kübel oder Trog. Wählen Sie eine reiche, lockere Erde, unter die Sie gleich einen speziellen Rosendünger mischen. Bringen Sie diesen auch Ende des Winters sowie Ende Juni auf die feuchte Erdoberfläche aus.

– 15 °C

im Sommer
zweimal
wöchentlich

0,45 – 1,3 m,
2,5 m bei
Kletterrosen

Und dann?

Schneiden Sie regelmäßig die verwelkten Blüten ab, und kürzen Sie gegen Ende des Winters die Triebe um die Hälfte.

SOS

Versprühen Sie bei einem massenhaften Auftreten von Blattläusen Seifenwasser. Bei Sternrußtau müssen Sie eventuell ein spezielles Fungizid ausbringen.

Salvia microphylla **Johannisbeer-Salbei**

Stellen Sie sich eine Decke aus winzigen purpurroten Blüten vor, die sich den ganzen Sommer über hält. Dieser immergrüne Salbei wächst darüber hinaus rasch zu einem hübschen, dichten Tuff aus Blättern heran.

Empfehlenswerte Arten und Sorten

Salvia microphylla var. *neurepia* ist eine lebhaft rot blühende, höhere Varietät. 'Pink Blush' erreicht 70 cm Höhe und blüht rosa.

Wie wird's gemacht?

In ein großes Gefäß mit lockerer Erde pflanzen. Warm und vollsonnig aufstellen. Bei jungen Pflanzen Triebe immer wieder zurückschneiden, damit sie sich reich verzweigen.

Und dann?

Schneiden Sie den Salbei gegen Ende des Winters, damit er sich kompakt entwickelt.

Gut zu wissen

Salvia microphylla var. *neurepia* wird auch als *S. grahamii* vermarktet. Stecklingsvermehrung im Sommer ist einfach.

– 10 °C

im Sommer
einmal
wöchentlich

0,5 – 1 m

Pflanzpartner

Silber-Greiskraut oder graublättriges *Helichrysum petiolare*, sodass die Farbe der winzigen Salbeiblüten besonders hervorgehoben wird, oder Strauchmargeriten, Kapmargeriten und Gazanien in kontrastierenden Farben

Rhododendron bis Salvia ᓂ 93

Scaevola aemula **Blauviolette Fächerblume**

Die hängenden Pflanzen sind deshalb so beliebt, weil sie sich gut zum Kaschieren von Pflanzgefäßen eignen und darüber hinaus durch ihre zahlreichen Blüten begeistern. Das tiefe Blau der Blüten verdeckt dabei praktisch das Grün der Blätter und ist ein wertvoller Beitrag zu sommerlichen Arrangements. Die Pflanze eignet sich für Balkonkästen, Ampeln und als Randbepflanzung für Kübel mit Sträuchern.

Empfehlenswerte Sorten

'Blue Fan' ist eine wuchernde, blühfreudige, blauviolette Sorte, 'Saphira' wächst kompakter und blüht purpurblau, und die originelle 'Zig-Zag' trägt große blaue Blüten mit weißen Zebrastreifen.

Wie wird's gemacht?

In reiche, lockere Komposterde pflanzen. Halten Sie die Erde stets feucht, aber nicht nass, und versorgen Sie sie einmal pro Woche mit Flüssigdünger.

Und dann?

Die Pflanzen sind schwer über den Winter zu bringen. Am besten kauft man sie jedes Frühjahr neu.

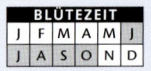

0 °C

im Sommer zweimal wöchentlich

25 cm

Gut zu wissen

Diese vielseitigen Pflanzen machen sich sowohl in Blumenampeln gut als auch als Bodendecker in großen Pflanzgefäßen mit Sträuchern, die Rhododendronerde benötigen.

Skimmia japonica **Japanische Skimmie**

Die großblättrigen, widerstandsfähigen Sträucher treten im Winter in den Vordergrund, wenn ihre dekorativen roten Früchte dem Balkon einen Hauch von Festlichkeit verleihen.

Empfehlenswerte Arten und Sorten

Die reine Art trägt dichte Blütenstände mit kleinen, rosaweißen, schwach duftenden Blüten. Die männliche Sorte 'Rubella' bringt im Frühjahr kräftig rosafarbene Blüten hervor, jedoch keine Früchte.

Wie wird's gemacht?

Pflanzen Sie Skimmien in Rhododendronerde. Der Wurzelballen darf nicht austrocknen, da er anschließend nur noch schwer Wasser aufnimmt.

Und dann?

Die Pflanze wächst von sich aus buschig kompakt und muss nicht geschnitten werden.

Gut zu wissen

Skimmien sind zumeist rein weiblich oder rein männlich.

Halbschatten möglich

– 15 °C

im Sommer einmal wöchentlich

80 cm

Zur Fruchtbildung muss daher in der Nähe der weiblichen Pflanzen mindestens ein männliches Exemplar stehen, sonst warten Sie vergeblich auf die Früchte.

Pflanzpartner

Helleborus ssp. oder andere im Winter schöne Pflanzen

Solanum ssp., *Lycianthes rantonnetii* **Nachtschatten, Enzianbaum**

Diese hübschen Verwandten der Tomate wachsen buschig oder kletternd und sind über und über mit Blüten bedeckt. Sie sind robuster, als sie aussehen, und lassen sich gut in einem städtischen Umfeld kultivieren, wo es im Sommer heiß und stickig wird. Ansonsten mögen sie besonders das Küstenklima.

BLÜTEZEIT
J F M A M J
J A S O N D

–2 °C bis –10 °C

im Sommer
zweimal
wöchentlich

Empfehlenswerte Arten und Sorten

Solanum rantonnetii, der ultramarinblau blühende Enzianbaum, wächst buschig, verträgt bis –2 °C und ist somit ideal für Töpfe, Kübel und Tröge. *S. jasminoides* 'Album' hält sich bis –5 °C, klettert in eleganter Weise und trägt zahlreiche weiße Blüten *S. crispum* 'Glasnevin' hält bis –10 °C durch und öffnet immer wieder dichte, hellblaue Blütenstände. Die beiden Letztgenannten sind Kletterpflanzen, denen man ein Gerüst aus Draht oder Holz zur Verfügung stellen muss. Sie eignen sich auch für Geländer, Bögen oder Spaliere.

1,3–3 m

Und dann?

Die kletternden Vertreter wachsen überaus schnell und müssen eventuell häufig geschnitten werden, was die Pflanzen jedoch gut vertragen.

Wie wird's gemacht?

In reiche, durchlässige Komposterde in ein großes Gefäß pflanzen und alle 2 Wochen mit Flüssigdünger versorgen.

Pflanzpartner

Wandelröschen, Gazanien oder andere orange blühende bzw. grau belaubte Pflanzen

Lycopersicon esculentum **Tomate**

Wer Spaß an einem Minigemüsegarten auf dem Balkon oder der Terrasse hat, kann sich an Tomaten versuchen, die dann ebenso dekorativ wie wohlschmeckend sind. Hierzu eignen sich Zwergsorten, die, in Töpfe gepflanzt, bei Bedarf umgestellt werden können. Die größeren Sorten beanspruchen mehr Platz und eignen sich nur für große Kübel und Tröge.

FRUCTIFICATION
J F M A M J
J A S O N D

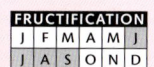

0 °C

im Sommer
zweimal
wöchentlich

Empfehlenswerte Sorten

'Sweet 100' wird maximal 1,4 m hoch und trägt Früchte so groß wie Billardkugel, die in Trauben herunterhängen und einen kräftigen Geschmack haben. Von Cocktail-Tomaten sind verschiedene klein bleibende Sorten erhältlich.

0,3–1,4 m

Wie wird's gemacht?

In eine reiche Komposterde pflanzen, regelmäßig gießen und mit Flüssigdünger versorgen. Ausschließlich vollsonnig aufstellen, damit die Früchte reifen können. Die größeren Sorten müssen gestützt oder aufgebunden werden.

Und dann?

Dies sind einjährig kultivierte Pflanzen, die man jedes Jahr erneut als Jungpflanzen kauft und nach dem letzten Frost auspflanzt.

Gut zu wissen

Schneiden Sie bei den hochwüchsigen Sorten regelmäßig die Seitentriebe ab, damit die Pflanzen nach oben wachsen und möglichst viele Früchte tragen.

Tropaeolum ssp. **Kapuzinerkresse**

Hierbei handelt es sich um auch für Anfänger geeignete, einjährig kultivierte Pflanzen. Sie schmücken mit ihren rundlichen Blättern und zahlreichen, weit geöffneten Blüten in einfachster Weise Töpfe und Balkonkästen und eignen sich bestens als Lückenfüller in allerlei Arrangements.

BLÜTEZEIT

Halbschatten möglich

0 °C

im Sommer einmal wöchentlich

30 cm

Empfehlenswerte Sorten
Die Alaska-Serie besticht durch weiß geflecktes Laub und verschiedene Blütenfarben; 'Kaiserin von Indien' ist eine klassische Sorte mit korallenroten Blüten und sehr dunklen Blättern. Der Tip-Top-Mix besteht aus verschiedenfarbig blühenden Pflanzen, während 'Strawberries and Cream' vanillegelbe Blütenblätter mit roter Zeichnung aufweist.

Wie wird's gemacht?
Verteilen Sie einige Samen im Balkonkasten oder Topf. Die Pflanzen wachsen sehr schnell, mögen es aber nicht, umgepflanzt zu werden.

Und dann?
Lassen Sie sie wachsen, wie sie wollen. Die Blüten schmecken angenehm und machen sich gut in Salaten. Sie sollten sie allerdings nicht essen, wenn Sie sie mit Pflanzenschutzmitteln behandelt haben!

SOS
Achten Sie auf massenweises Auftreten von Blattläusen.

Tulipa **Tulpe**

Farbige Akzente auf dem Fensterbrett oder der Terrasse lassen sich gewöhnlich schon mit ein paar Zwiebeln erzielen. Die Pflege ist denkbar einfach, die Kosten sind gering, und die Vielfalt an zur Auswahl stehenden Blütenformen und -farben ist schier unendlich.

BLÜTEZEIT

– 15 °C

mäßig

25 – 45 cm

Empfehlenswerte Arten und Sorten
Wählen Sie für einen optimalen Effekt bevorzugt die niedriger bleibenden und mehrblütigen Vertreter aus: 'Georgette' wird 35 cm hoch, blüht gelb und hat anfangs einen scharlachroten Rand. *Tulipa tarda* erreicht nur 20 cm und hat gelbe Sternblüten mit weißem Rand. *T. praestans* 'Fusilier' wird 25 cm hoch und blüht kräftig rot.

Wie wird's gemacht?
Setzen Sie die Zwiebeln im Herbst in Gruppen zu 3 oder 5 mit Abständen von 3 cm. Wählen Sie nur gesunde und feste Zwiebeln aus.

Und dann?
Lassen Sie die Blätter von allein einziehen. Nehmen Sie die Zwiebeln aus saisonalen Arrangements heraus, lassen Sie aber jene in großen Gefäßen mit Gehölzen an Ort und Stelle, wenn sie dort im nächsten Frühjahr wieder blühen sollen.

Pflanzpartner
Garten-Stiefmütterchen, Primeln, Rosen, Ziersträucher

Verbena-Hybriden **Verbene**

Der Handel hält heutzutage eine Vielzahl von Verbenen in allen Farben sowohl mit buschig kompaktem als auch hängendem Wuchs bereit. Sie eignen sich perfekt für Töpfe, Balkonkästen, Ampeln und als Bodendecker für die Kübel der Ziersträucher.

Empfehlenswerte Sorten
'Tapien' blüht blau und lachsfarben, wächst überhängend und ist unempfindlich gegen schlechtes Wetter und Krankheiten. 'Temari' ist sehr blühfreudig und bringt riesige Glockenblüten hervor.

Wie wird's gemacht?
In eine gute, reiche, durchlässige Erde pflanzen. Stutzen Sie die jungen Pflanzen, damit sie sich gut verzweigen.

Und dann?
Geben Sie einmal wöchentlich einen Flüssigdünger. Bei zu trockener Haltung kann Echter Mehltau auftreten.

Gut zu wissen
Die neueren Züchtungen werden über Stecklinge vermehrt und sind weitaus weniger wuchsfreudig als die klassischen Verbenen, die aus Samen gezogen werden.

Pflanzpartner
Zweizahn, Doppelhörnchen, Elfenspiegel, Kapmargerite oder auch Blattschmuckpflanzen wie *Helichrysum petiolare*

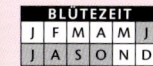
BLÜTEZEIT
J F M A M J
J A S O N D

0 °C

im Sommer zweimal wöchentlich

25 cm

Viola × wittrockiana **Garten-Stiefmütterchen**

Ob mit kleinen oder großen Blüten, sie blühen im Überfluss und über viele Monate hinweg vom Herbst bis in das Frühjahr, unterbrochen nur von schwerem Frost. Sie kommen mit sehr wenig Platz aus und eignen sich praktisch für jeden Zweck im Topf, Balkonkasten oder als farbiger Rahmen zu Füßen von Ziersträuchern.

Empfehlenswerte Sorten
Weichen Sie auf die kleinblütigen, blühfreudigen, schnellwüchsigen Vertreter aus, wenn Sie die neuen, ein- oder zweifarbigen Züchtungen mit ihren intensiven Farben (Apricot, Lavendel, Pastelltöne) und den teils gekräuselten Blütenblättern nicht mögen.

Wie wird's gemacht?
Zwischen Anfang Oktober und April in eine gute, reiche, lockere Komposterde in ein gut drainiertes Gefäß pflanzen.

Und dann?
Achten Sie auf einen Befall mit Echtem Mehltau. Entfernen Sie verwelkte Blüten. Ersetzen Sie die Pflanzen im Mai durch Einjährige, und verwenden Sie dazu neue Erde.

SOS
Vermeiden Sie ein Übermaß an Wasser, das zu Fäulnis führt. Im Winter vor eisigem Wind schützen.

Pflanzpartner
Tulpen, kleine Narzissen, Krokusse und andere im Frühjahr blühende Zwiebelpflanzen

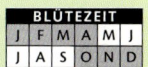
BLÜTEZEIT
J F M A M J
J A S O N D

Halbschatten möglich

– 15 °C

mäßig

25 cm

PORTRÄTS

GLOSSAR

Wörterbuch der Balkonpflanzen

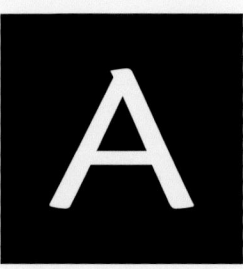

alkalisch

→ Erde
→ pH-Wert

alpine Pflanzen

Diese an steinige Untergründe angepassten Pflanzen eignen sich besonders gut für die Pflege auf dem Balkon. Sie sind an extreme Verhältnisse gewöhnt, nehmen nicht viel Platz in Anspruch und lassen sich für die Gestaltung von Miniatur-Berglandschaften in einfachen Kästen, Balkonkästen oder Schalen verwenden. Ziehen Sie in die Gestaltung mineralstoffhaltige Objekte mit ein, z. B. ein paar hübsche Steine.

Anzuchttöpfe

Kleine Pflanzgefäße aus Plastik, in denen Jungpflanzen verkauft werden. Diese Töpfe sind gewöhnlich bis 9 cm groß. Um die darin befindliche Pflanze zu entnehmen, klopfen und drücken Sie auf Boden und Seiten, und lassen Sie den Inhalt herausrutschen. Wenn Sie die Pflanze einfach am Stängel herauszuziehen versuchen, könnten Sie sie beschädigen oder sogar abreißen.

→ Kauf

Art

→ Name

Ausrichtung

Der Standort im Verhältnis zum Verlauf der Sonne ist besonders im Winter wichtig. Pflanzen mit empfindlichem Blattwerk wie Hortensien und Kamelien, die im Winter vor einer nach Osten weisenden Mauer stehen, können durch das plötzliche Erscheinen der Morgensonne und den dadurch verursachten schnellen Temperaturanstieg geschädigt werden. Andere würden vor einer Südmauer regelrecht „gekocht" werden, vor allem wenn die Mauer auch noch weiß gestrichen ist und die Wärme durch eine Brüstungsmauer oder Überdachung praktisch eingefangen wird.

Aussaat

→ Säen

Balkonkasten

Ein offener Kasten mit hohen Wänden unterschiedlicher Länge, mit oder ohne Wasserreservoir zur Kultur von Pflanzen auf dem Fensterbrett oder der Brüstung des Balkons. Man sollte nur Modelle aus behandeltem Holz oder Plastik verwenden, da solche aus Metall zuviel Wärme aufnehmen und weiterleiten. Es muss für eine gute Drainage gesorgt sein, vor allem wenn ein automatisches Bewässerungssystem installiert ist. Aufgrund der relativ geringen Substratmenge muss jedoch auch regelmäßig und kräftig gewässert und regelmäßig gedüngt werden. Die

Erde ist bei jeder neuen Bepflanzung durch neue zu ersetzen. Zum Gießen eignet sich eine Kanne mit Brauseaufsatz am besten. Wählen Sie stets den größtmöglichen Balkonkasten, denn je mehr Erde er aufnehmen kann, desto besser wachsen die darin eingesetzten Pflanzen und desto wirkungsvoller ist das Wässern. Zu beachten ist dabei natürlich, dass eine größere Menge feuchte Erde auch ein höheres Gewicht bedeutet. Müssen sehr große Balkonkästen zum Überwintern umgestellt werden, empfiehlt sich ein Gestell auf Rollen.

→ Blumenpracht für den Schatten (siehe S. 31)
→ Blumenpracht für die Sonne (siehe S. 33)
→ Topf

Besonnung

Standort einer Pflanze im Verhältnis zum einfallenden Sonnenlicht. Der Grad der Besonnung beeinflusst zu einem großen Teil das Wachstum und Wohlbefinden einer Pflanze. Hierbei müssen 3 Grundkategorien unterschieden werden: Pflanzen für den Schatten, den Halbschatten und die Vollsonne. Schatten kann dabei von mehr oder weniger dicht belaubten Bäumen stammen oder von künstlichen Strukturen, die bereits vorhanden sind oder eigens zu diesem Zweck errichtet werden. Schatten bedeutet dabei jedoch keineswegs dunkel, denn selbst schattenliebende Pflanzen mögen es hell. Sie vertragen eben nur keine pralle Sonne.

Betriebssicherheit

Es gibt ein paar Grundregeln zum sicheren Umgang mit Pflanzungen, an die man sich immer wieder erinnern sollte, bevor es zu Schäden oder gar Unfällen kommt. Hierzu gehört in erster Linie das sichere Aufstellen bzw. Anbringen von Töpfen und Balkonkästen auf dem Balkon. Sie allein sind dafür verantwortlich und haftbar, wenn durch abstürzende Konstruktionen Schäden entstehen. Dies gilt auch für gegebenenfalls verursachte Wasserschäden und Verfärbungen durch ausgeschwemmte Erde. Folglich sollten Sie sich z. B. genau über die zulässige Belastbarkeit Ihres Balkons informieren und diese gegen Ihre Bepflanzung aufrechnen. Freitragende Balkone sind naturgemäß weniger tragfähig als eingebaute. Die Traglast der Brüstung muss separat in Betracht gezogen werden. Segelartige Markisen und Windschutzwände können bei Wind die Belastung ganz erheblich vergrößern. Im Zweifelsfall sollten Sie sich bei Ihrer Hausverwaltung erkundigen oder sogar einen Architekten befragen.

→ Wind

Blattschmuck-pflanze

Unterschätzen Sie nie die dekorative Wirkung von schönem Laub bei Ihren Balkon- oder Terrassendekorationen. Ohne Zweifel können es manche Pflanzen damit durchaus mit der Blütenpracht anderer aufnehmen und müssen nicht zwangsläufig als die Verlierer dastehen. In jedem Fall aber unterstreichen schöne Blätter die Farbe und Form von Blüten und schaffen einen vielgestaltigen, passenden Rahmen und Hintergrund. Wie in einem Ziergarten sollen Sie Pflanzen mit dekorativem Laub dazu nutzen, Ihren Arrangements Tiefe und Perspektive zu verleihen. Für diesen Zweck steht eine Vielzahl von Pflanzen zur Verfügung, ausladende ebenso wie kleine, in einem weiten Farbspektrum von Grün, Blau, Grau, Silber und mit oder ohne gelber, cremefarbener, weißer und selbst roter, rosa oder orangefarbener Panaschierung. Man unterscheidet grundsätzlich zwischen saisonalem Laub, das stets zu Beginn des Winters abfällt, und dauerhaften, immergrünen Blättern, die sich über mehrere Jahre halten und somit auch

während des Winters attraktiv aussehen. Winterharte Pflanzen wie Purpurglöckchen, Bergenien, Schlangenbart und auch die panaschierten Efeusorten sind daher für Winterdekorationen mit den wenigen im Winter blühenden Pflanzen von großem Wert.

→ Kreativ mit Blattschmuckpflanzen (siehe S. 39)

Bonsai

Durch Beschneiden und ein minimales Angebot an Erde klein gehaltene Gehölze. Bonsai sind stets eine Verlockung, jedoch benötigen die Pflanzen eine sehr intensive Pflege, einschließlich häufigem Besprühen und im Sommer wenigstens täglichem Gießen. Der richtige Umgang erfordert solide Kenntnisse, die sich der Anfänger nicht ohne Weiteres zu erschließen vermag.

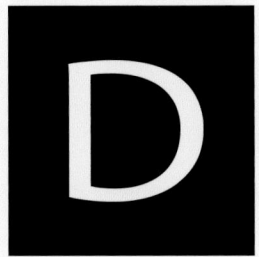

Drainage

Eine gute Drainage ermöglicht das zügige Abfließen von überschüssigem Regen- und Gießwasser. Abgesehen von einigen Sumpfpflanzen vertragen es nur wenige Gewächse, wenn ihre Wurzeln über längere Zeit untergetaucht stehen. Sie ertrinken dann. Außer bei Töpfen, Kübeln und Balkonkästen mit Wasserreservoir, die keinen Regen abbekommen können, muss für eine gute Drainage gesorgt werden, bevor Erde und Pflanzen eingesetzt werden.

Wie lässt sich die Drainage verbessern?

Versichern Sie sich, dass das Pflanzgefäß genügend Abflusslöcher hat. Bei Bedarf bohren Sie nach Möglichkeit weitere. Legen Sie den Behälter mit einer guten Schicht Kieselsteine, Tonscherben, Kies, Blähton oder Ähnlichem aus, die die Abflüsse frei hält. Bevor Sie nun Erde einfüllen, decken Sie diese Schicht mit einem Stück Gardine oder einem ähnlichen Netzmaterial ab. Auf diese Weise kann die Erde nicht in die Zwischenräume der Drainageschicht rutschen und diese verstopfen. Pflanzgefäße mit flachem Boden sollten auf kleine Sockel gestellt werden, damit ihre Abflusslöcher frei sind.

Duftlaubpflanze

Eine Pflanze mit besonders kräftig duftendem Laub. Duftlaubpflanzen werden für pharmazeutische und kosmetische Zwecke oder die Küche verwendet. Dazu gehören folglich auch Küchenkräuter wie Petersilie (*Petroselinum*), Basilikum (*Ocimum* ssp.), Lauch-Arten und Schnittlauch (*Allium* ssp.), Thymian-Arten (*Thymus* ssp.), Echter Salbei (*Salvia officinalis*), Minzen (*Mentha* ssp.), Oregano (*Origanum* ssp.), aber z. B. auch Römische Kamille (*Chamaemelum nobile*) und Bohnenkraut (*Satureja* ssp.). Unter den Duftlaubpflanzen finden sich auch zahlreiche Gewächse mit dekorativem Blattwerk und/oder Blüten, die somit nicht nur hübsch, sondern auch noch gesund sind. Sie können sie z. B. als attraktive Begrünung für das Fensterbrett der Küche verwenden, sodass Sie stets ganz frische Kräuter bequem in Reichweite haben.

→ Ebenso hübsch wie gesund (siehe S. 29)

Dünger

Nährstoffe für Pflanzen organischer oder mineralischer Herkunft. Organische Dünger sind pflanzliche oder tierische Stoffe wie Mist oder Rindenhumus, die der Ver-

alkalisch bis Dünger ✐ 101

besserung der Bodenstruktur dienen und nach und nach Nährstoffe freisetzen. Mineralische Dünger werden hingegen aus pulverisiertem Gestein hergestellt und entweder sofort oder über längere Zeit aufgenommen. Im Handel finden sich auch synthetisch hergestellte Dünger.

Zusammensetzung von Düngern

Dünger enthalten in aller Regel die 3 Hauptnährstoffe Stickstoff, Phosphor und Kalium. Somit findet man auf den Verpackungen stets die Symbole N für Stickstoff, K für Kalium und P für Phosphor sowie Angaben zu deren prozentualen Anteilen. Ein Dünger mit der Angabe NKP 20-10-10 ist somit besonders stickstoffhaltig (20%). Daneben sind auch bestimmte Spurenelemente wichtig, um Mangelerscheinungen auszuschließen. Im Handel findet man zahlreiche Dünger, die auf die spezifischen Bedürfnisse bestimmter Pflanzen abgestimmt sind, so z. B. Dünger für Geranien, Balkonpflanzen, Rosen usw.

Wie wird's gemacht?

Die besten Ergebnisse für Ihren Balkon oder Ihre Terrasse lassen sich erzielen, wenn Sie schon beim Ein- oder Umpflanzen einen Langzeitdünger unter die neue Erde mischen. Dann müssen Sie längere Zeit nicht ans Düngen denken. Später verwenden Sie dann am besten einen Flüssigdünger. Beachten Sie, dass die meisten Substratmischungen, die Sie kaufen können, schon eine Grunddüngung enthalten, und kalkulieren Sie diese bei Ihren Düngegaben mit ein. Denken Sie auch daran, dass Pflanzen, die durch Hitze geschädigt oder ausgetrocknet sind, auf keinen Fall gedüngt werden dürfen. Viel wichtiger ist hier die Wiederherstellung der Bodenfeuchtigkeit, wozu nur reines Wasser verwendet werden darf.
→ Dünger & Co. (siehe S. 40)

Einjährige

Pflanzen, die noch im Jahr der Aussaat blühen und fruchten und danach schon absterben.

Die besten Einjährigen für den Balkon

Für den Preis einer Tüte Samen bekommen Sie einfach eine reiche und lange anhaltende Blüte. Gut geeignet sind z. B. das duftende Strand-Silberkraut (*Lobularia maritima* var. *maritima*), Garten-Ringelblumen (*Calendula officinalis*), Graue Meerviole (*Malcolmia maritima*), Kapuzinerkresse (*Tropaeolum majus*, *T. minus*), Studentenblumen (*Tagetes patula*, *T. tenuifolia*), Fenchelblättriger Zweizahn (*Bidens ferulifolia*), Basilikum (*Ocimum*) einschließlich der purpurblättrigen Sorten, Prunkwinde (*Ipomoea*), Garten-Resede (*Reseda odorata*), *Sanvitalia procumbens*, *Brachyscome iberidifolia* und Zwergzinnien (*Zinnia* 'Profusion' oder 'Star'), die allesamt auch hervorragende Lückenfüller abgeben.

Vorgezogene, pflanzfertige Einjährige

Um sofort schön bepflanzte Gefäße zu bekommen, können Sie vorgezogene, bereits blühende Pflanzen kaufen. Hier findet man Lobelien, Fleißige Lieschen, Studentenblumen, Petunien, Basilikum, Hahnenkamm (*Celosia*) und andere, die sich alle gut zum Füllen von Lücken in diversen Pflanzgefäßen verwenden lassen. Scheuen Sie sich nicht, draußen und im Halbschatten auch Pflanzen zu verwenden, die man gewöhnlich eher aus Innen-

räumen kennt, wie das duftende Blaue Lieschen (*Exacum affine*), die leuchtend blau blühende Browallie (*Browallia*), Buntnesseln mit schön gefärbten Blättern sowie die Hüllenklaue (*Hypoestes*). Warten Sie damit jedoch bis Ende Mai, denn diese Arten sind kälteempfindlich.
→ Einjährige aussäen (siehe S. 32)
→ Gefäße bepflanzen (siehe S. 6)
→ winterhart

Erde

Grundsätzlich unterscheidet man zwischen reichen, d. h. nährstoffreichen, und mageren, also nährstoffarmen Substraten, weiterhin nach dem Grad ihrer Wasserdurchlässigkeit (locker gegenüber fest) und schließlich nach dem Säuregrad (alkalisch, neutral oder sauer). Diese Eigenschaften sind von den einzelnen Bestandteilen der Erdmischungen abhängig. Keine Pflanze gedeiht in jedem Substrat gleich gut, und daher sollte man schon wissen, welches sich am besten eignet. Die einzelnen, im Handel erhältlichen „Blumenerden" unterscheiden sich in ihrer Zusammensetzung teils erheblich, obwohl alle als gebrauchsfertig ausgewiesen sind. Meiden Sie auf jeden Fall solche mit mehr als 40% Torf für Ihre Balkonpflanzen. Die weitaus meisten gedeihen gut in einer humusreichen Erde, der man bei Bedarf etwas Sand beigeben kann, um sie lockerer zu machen. Pelargonien mögen es, wenn sie etwas Lehm oder Ton enthält. Rhododendronerde sollte wirklich nur Pflanzen, die einen niedrigen pH-Wert brauchen, gegeben werden, also Azaleen, Rhododendren und Heidekräutern. Der jeweilige pH-Wert sollte auf der Verpackung angegeben sein. Beim Vorbereiten eines Pflanzgefäßes empfiehlt sich das Untermischen eines Langzeitdüngers und gegebenenfalls auch von Wasserspeichergel, das die Feuchtigkeit länger hält.
→ pH-Wert

Frost

Pflanzen vertragen niedrige Temperaturen unterschiedlich gut. Während die widerstandsfähigsten auch starken Frost überleben, sterben die empfindlicheren bereits bei leichten Minustemperaturen ab. In jedem Fall müssen Pflanzen auf einem nach Norden ausgerichteten oder dem Wind ausgesetzten Balkon geschützt werden, sobald sich die Temperaturen dem Gefrierpunkt nähern.

→ Überwinterung im Freien (siehe S. 59)
→ winterhart
→ Wintervorbereitungen für frostempfindliche Pflanzen (siehe S. 55)

Gattung

→ Name

Gestalt

Die Wuchsform bzw. der Umriss einer Pflanze. Viele Balkonpflanzen wachsen buschig. Pflanzen mit aufrechtem Wuchs sind z. B. verschiedene Koniferen, Buchsbaum-Züchtungen, Schönmalve, man-

che Heidekräuter, Lilien, Salbei und andere, während Efeu, bestimmte Pelargonien, Verbenen, verschiedene Petunien, Fächerblumen und manche Fuchsien hängend wachsen.

Handharke

→ Zubehör

Hängekorb

Hierbei handelt es sich um ein korbähnliches Pflanzgefäß, das an der Wand, unter einer Pergola bzw. Überdachung oder auch am Ast eines Baums aufgehängt werden kann. Für die Bepflanzung eignen sich am besten hängend wachsende Pflanzen, die wie Kaskaden über die Ränder hängen, und solche mit eher niedrig-buschiger Gestalt für die Mitte. Hängekörbe sind gewöhnlich aus Maschendraht oder Plastik gefertigt. Damit die Pflanzerde nicht herausfällt, wird der Korb mit Moos oder einem Stück Gardine oder Kunststoffnetz ausgelegt. Aufgrund ihrer Form erfordern Hängekörbe viel Pflege, denn ihre Erde trocknet sehr schnell aus. Wöchentliche Wassergaben sind daher unverzichtbar; bei Wind oder sehr warmer, trockener Witterung muss gegebenenfalls noch öfter gewässert werden. Die verwendete Pflanzerde sollte deshalb auch gleich mit einem Wasserspeichergel versetzt werden, das als Notreserve fungiert. Andererseits braucht man sich keine Sorgen über eine optimale Drainage zumachen.

→ Hängekörbe leicht gemacht (siehe S. 35)
→ Wind

Insekten

Greifen Sie nicht gleich zum Pflanzenschutzmittel, wenn Sie ein paar Insekten auf Ihren Pflanzen entdecken. Machen Sie einen großen Unterschied zwischen Schad- und Nutzinsekten. Marienkäfer z. B. fressen Blattläuse und sollten daher willkommen sein. Warten Sie in jedem Fall erst einmal ab, bevor Sie chemische Mittel einsetzen. Obwohl es einige Produkte gibt, die einen Befall wirkungsvoll beseitigen, stehen auch einfache ökologische Tricks zur Verfügung, die in vielen Fällen den gleichen Effekt haben. Wenn Sie Ihre Pflanzen unter guten Bedingungen kultivieren, es ihnen weder an Nährstoffen noch Wasser fehlt, sie regelmäßig sinnvoll geschnitten werden und an der frischen Luft gedeihen können, ist das Risiko eines Massenbefalls durch Schadinsekten bereits erheblich vermindert.

Schadinsekten

Hierzu zählen vor allem Blattläuse, die sich vom Pflanzensaft ernähren. Sie lassen sich zu einem großen Teil schon mit einem Wasserstrahl oder mit Seifenwasser vertreiben. Schildläuse verstecken sich unter weißen oder grauen Schilden und sind widerstandsfähiger. Betupfen Sie möglichst jedes einzelne Insekt mit einem mit Alkohol getränkten Wattestäbchen. Raupen aller Art befallen und fressen die Blätter. Sie lassen sich einfach absammeln.

Spinnmilben sind mikroskopisch kleine Spinnentiere, die es trocken und warm mögen. Sie ernähren sich in einem Ausmaß vom Saft der Pflanze, dass die Pflanze eingehen kann. Durch vorbeugend ausreichend luftige und feuchte Bedingungen kann hier häufig der Einsatz spezieller Pflanzenschutzmittel vermieden werden.

→ Schädlinge und Krankheiten bekämpfen (siehe S. 22)

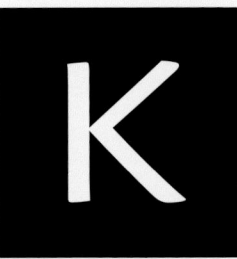

kalkhaltig

→ pH-Wert

Kauf

Sie finden Ziergehölze, Knollen-, Zwiebel- und Saisonpflanzen ebenso wie winterharte Gewächse in Gartencentern, Gärtnereien, Baumschulen oder direkt bei Pflanzenzüchtern. Dank Internet und diversen Versendern haben Sie Zugriff auf ein immenses Angebot. Nehmen Sie sich jedoch in jedem Fall die Zeit, sich vor dem Kauf gründlich zu informieren. Lesen Sie die Pflegeanleitungen, oder lassen Sie sich von Fachpersonal beraten. Spontankäufe sind die häufigste Ursache von Enttäuschungen.

Wann kaufen?

Heute kann man Pflanzen fast das ganze Jahr über kaufen, denn sie werden für genau diesen Zweck unter geeigneten Bedingungen herangezogen und angeboten. Tätigen Sie jedoch keine Neuanschaffungen kurz vor Ihrem Urlaub oder in einer Zeit, in der Sie sich nicht um die neuen Pflanzen kümmern können. Zumindest müssten Sie dann schon dafür sorgen, dass eine automatische Wasserversorgung die noch empfindlichen Pflänzchen vor dem Vertrocknen bewahrt. Lassen Sie die Neuanschaffungen auch nicht unbeachtet irgendwo herumstehen, bis Sie sie schließlich an den vorgesehenen Ort pflanzen, vor allem dann nicht, wenn sie in kleinen Töpfen stehen. Grundsätzlich sind die besten Zeiten zum Pflanzen der Herbst und das Frühjahr. Auch im Winter kann unter Umständen gepflanzt werden, wenn nicht gerade Frost herrscht. Lassen Sie sich jedoch nicht im Winter zum Kauf von Pelargonien und anderen Sommerpflanzen verleiten. Warten Sie geduldig bis nach dem letzten Frost, vor allem wenn Sie nicht in einer besonders warmen Gegend wohnen und keinen geeigneten Schutz vor kaltem Wetter bieten können.

Kletterpflanze

Eine Pflanze, die sich kletternd ausbreitet und der eine Kletterhilfe angeboten werden muss. Kletterpflanzen zeichnen sich vor allem durch ihre langen, dünnen, biegsamen Triebe aus, die sie in alle Richtungen in die Luft strecken. Auf einem Balkon oder einer Terrasse, wo das Raumangebot beschränkt ist, sollten Sie die Pflanze vorzugsweise dazu bringen, in die Höhe und nicht unbedingt nur in die Breite zu wachsen und so z. B. eine kahle Mauer mit einer lebenden Tapete aus Zweigen, Blättern und Blüten zu verkleiden.

Wie wird's gemacht?

Bevor man eine Kletterpflanze einfach anbindet, sollte man wissen, wie sie sich eigentlich festhält. Wenn sie wie Efeu Haftwurzeln besitzt oder wie Wilder Wein über Haftscheiben verfügt, kann sie sich ganz allein an einer kahlen Mauer festhalten. Bildet sie jedoch wie Clematis Wickelranken oder Ranken, die sich um Gegenstände winden, dann muss ihr ein Spalier, ein Gitter oder eine andere Klettermöglichkeit aus Holz oder Metall geboten werden.

Flinke Kletterer

Wenn Sie eine Fläche schnell begrünen wollen, dann wählen Sie Samen von einjährigen Kletterpflanzen wie etwa Kapuzinerkresse, Prunkwinde, Feuer-Bohne oder panaschiertem Hopfen. Vorgezogen werden dazu auch z. B. die Schwarzäugige Susanne (*Thunbergia alata*) oder die charmante Lappen-Prunkwinde (*Ipomoea lobata*) angeboten.

→ Eine Clematis im Topf (siehe S. 30)
→ Sträucher, Rosen und Kletterpflanzen pflanzen (siehe S. 10)

Knolle

→ Zwiebel

Kübel

Ein größeres bis großes Pflanzgefäß. Diese Gefäße bieten sich für größere Solitäre, also Gehölze, Rosen, Kletterpflanzen, Formschnittgehölze, sowie für Arrangements aus vielen Pflanzen an. Damit eine Drainage funktionieren kann, vergewissern Sie sich, dass Abflusslöcher vorhanden sind, und statten Sie den Behälter mit einer Drainageschicht aus Kieseln, Tonscherben oder Blähton aus. Es ist günstig, größere Kübel auf ein Rollengestell zu stellen, damit man sie bei Bedarf einfach bewegen kann. Manche Pflanzkübel sind mit einem Wasserreservoir ausgestattet. Bisweilen finden sich auf Balkonen bereits fest eingemauerte oder -gegossene Pflanzkübel, die man nicht ungenutzt lassen sollte.

mehrfach blü-
hende Pflanzen

Die Eigenschaft mancher Pflanzen, zweimal oder noch öfter im selben Jahr zu
blühen. Meistens genügt es, regelmäßig
die verwelkten Blüten zu entfernen,
regelmäßig zu wässern und zu düngen,
um eine potenziell mehrfach blühende
Pflanze zum Anlegen neuer Blüten zu
motivieren.

Für die Kultur in Pflanzgefäßen geeignete
Mehrfachblüher sind unter anderem:
Skabiosen (z.B. *Scabiosa* 'Butterfly Blue',
'Pink Mist'), Mädchenaugen (z.B. *Coreop-
sis* 'Sonnenstrahl'), Pantoffelblumen (z.B.
Calceolaria 'Sunset'), Rittersporn (*Delphi-
nium* 'Blue Bouquet'), Nelken (*Dianthus
× allwoodii*, *D. superbus*) und Nachtkerze
(*Oenothera* 'African Sun', 'Siskiyou Pink').

Name

Alle Pflanzen werden mit einem wissen-
schaftlichen Artnamen benannt und systematisch in Gattungen gruppiert. Ein
wissenschaftlicher Name besteht somit

stets aus einem Gattungsnamen, z.B.
Fuchsia, und dem Artzusatz, z.B. *magellanica*. Arten können sich noch weiter in
Unterarten, Varietäten und Sorten auf-
gliedern. Dabei bezeichnet die Abkür-
zung ssp. eine Subspezies bzw. Unterart
und var. eine Varietät, z.B. *Geranium phaeum* var. *phaeum*. Unterarten und Varietäten sind natürlichen Ursprungs, während Sorten durch gezielte Züchtung
entstehen. Sie werden vom Züchter benannt, wobei der Sortenname stets in
einfachen Anführungszeichen oben
steht, z.B. *Fuchsia magellanica* 'Riccartonii'. Es ist sinnvoll, sich eine eigene Pflan-
zenliste anzulegen, in der die Mindestan-
gaben zu jeder Pflanze verzeichnet sind,
also Gattungs-, Art- und gegebenenfalls
Sortenname. Pflanzen, die ohne diese
Angaben angeboten werden, sollten Sie
möglichst nicht kaufen, denn bei später
auftretenden Problemen wissen Sie dann
nicht, wo Sie in Ihren Gartenbüchern
nachschlagen oder wonach Sie einen Ex-
perten fragen sollen.

Pflanzenschutz-
mittel ausbringen

Auf einem Balkon oder einer Terrasse
sind Pflanzenschutzmaßnahmen mit In-
sektiziden oder Fungiziden etwas schwie-
riger als in einem Garten durchzuführen.
Wenn ökologisch besser vertretbare Al-
ternativen versagt haben, bleibt jedoch
oft nichts anderes übrig, will man seine
Pflanzen nicht entsorgen. Angesichts die-

ser Möglichkeit sollten Sie bereits 2
Handspritzen besitzen, eine für Insekti-
zide, die andere für Fungizide. Setzen Sie
die Produkte nur entsprechend der Dosiervorschriften an, und mischen Sie kei-
nesfalls verschiedene Produkte zusammen! Bringen Sie Pflanzenschutzmittel
nur bei Windstille und am besten abends
aus. Natürlich müssen währenddessen
alle in der Nähe liegenden Fenster und
Türen geschlossen sein, und es sollten
sich keine Kinder und Haustiere in der
Nähe aufhalten. Lesen Sie nach, ob die
Behandlung gegebenenfalls einige Zeit
später wiederholt werden muss. Warten
Sie auf jeden Fall nicht, bis das Problem
nicht mehr in den Griff zu bekommen ist.
Pflanzenschutzmittel müssen unbedingt
außerhalb der Reichweite von Kindern
und Haustieren und vor Licht geschützt
kühl aufbewahrt werden.

→ Balkonpflanzen pflegen (siehe S. 14)
→ Insekten
→ Pilzkrankheiten
→ Schädlinge und Krankheiten bekämp-
   fen (siehe S. 22)

Pflanzgefäß

Ein topf-, kasten- oder kübelartiger Behälter zur Kultur von Pflanzen, der aus verschiedenen Materialien bestehen kann.
Die Größe wird in Kulturanleitungen in
Litern, Kubikzentimetern oder Zentime-
tern angegeben und richtet sich nach
Faktoren wie Wurzelmasse, Nährstoffbe-
darf, Wachstumsgeschwindigkeit usw.
Bereits in geeignete Gefäße gepflanzte
Gewächse kann man das ganze Jahr hindurch kaufen.

Pflanzschaufel

→ Zubehör

pH-Wert

Eine Maßeinheit für den Säuregrad, die
anzeigt, ob ein Boden kalkhaltig (alkalisch
bzw. basisch), neutral oder sauer und da-

mit für eine bestimmte Pflanze grundsätzlich geeignet ist. Für die Verwendung in Pflanzgefäßen kann man sich meistens auf die gebrauchsfertigen Mischungen mit Bezeichnungen wie „Blumenerde", „für Sukkulenten", „Geranienerde", „Rhododendronerde" etc. verlassen.

→ Erde

Pilzkrankheiten

Grundsätzlich gilt: Je besser Sie Ihre Pflanzen pflegen, desto weniger sind sie für Krankheiten anfällig. Sie sollten vor allem weder unter Trockenheit noch übermäßiger Feuchtigkeit leiden müssen.

Diagnose und Behandlung

Bei örtlich begrenzten Pilzinfektionen können Sie einfach die befallenen Stellen entfernen, wenn es nicht allzu viele sind. Hat sich der Pilz bereits weiter ausgebreitet, wird man auf handelsübliche Fungizide zurückgreifen bzw. die Pflanze entsorgen müssen. Echter Mehltau zeigt sich als weißer pelziger Belag auf Blättern und Stielen. Schwarze Flecken treten vor allem bei Rosen auf und werden hier durch Sternrußtau hervorgerufen. Rost zeigt sich als rostbraune Flecken, und Grauschimmel (*Botrytis*) verursacht graue pelzige Beläge.

Pilzinfektionen dürfen nicht mit dem Auftreten von verfärbten Blättern durch Nährstoffmangel verwechselt werden. Ein Nährstoffmangel kann oft durch entsprechende Düngergaben beseitigt werden. Im Zweifelsfall bringen Sie einfach ein befallenes Teil der Pflanze zu einer Gärtnerei, oder fragen Sie einen erfahrenen Gärtner um Rat.

→ Pflanzenschutzmittel ausbringen
→ Schädlinge und Krankheiten bekämpfen (siehe S. 22)

Säen

Das Aussäen umfasst das sachgerechte Ausbringen von Samenkörnern und das Schaffen von optimalen Keim- und Entwicklungsbedingungen. Neben den herkömmlichen Verwendungsmöglichkeiten kann Saatgut von einjährigen Pflanzen auch dazu dienen, kahle Flächen in bereits bepflanzten Gefäßen nachträglich zu füllen. Kapuzinerkresse ist hierfür besonders gut geeignet, denn die Pflanze ist genau an diese Keimbedingungen angepasst und breitet sich sehr schnell aus.

Aussaat in Gruppen

Bei dieser Methode werden die relativ großen Samen von Kapuzinerkresse und anderen in Grüppchen von jeweils 2 oder 3 in eine flache Kuhle gelegt, mit Erde bedeckt und angedrückt. Sie keimen sehr schnell, und nach einiger Zeit wird so vereinzelt, dass nur die jeweils kräftigste Pflanze stehen bleibt.

→ Einjährige aussäen (siehe S. 32)

sauer

→ Erde
→ pH-Wert

Schneiden

Unter diesem Begriff werden Maßnahmen zusammengefasst, die eine Pflanze in einer bestimmten Form oder Größe halten, ihre weitere Verzweigung fördern, sie zum erneuten oder verstärkten Blühen anregen sowie das völlige Abschneiden der gesamten oberirdischen Teile vor dem Winter.

Im Verlauf der Wachstumssaison wird man nicht umhinkommen, bei der einen oder anderen Pflanze korrigierende Maßnahmen zu ergreifen, damit sie nicht aus der Form gerät. Überlange, dünne Triebe werden zurückgeschnitten, damit sich die Pflanze näher an ihrer Mitte verzweigt, schön buschig wächst und nicht verwahrlost aussieht. Viele Pflanzen nehmen diese Behandlung klaglos hin, einige reagieren jedoch eher negativ darauf. Sie sollten sich also vorher informieren. Die Investition in eine qualitativ hochwertige Gartenschere lohnt sich allemal.

→ Balkonpflanzen pflegen (siehe S. 14)
→ Rosen schneiden (siehe S. 18)
→ Sträucher schneiden (siehe S. 20)

Sorte

→ Name

Spalier

Ein Spalier ist eine gitterartige Konstruktion, die vor allem solchen Kletterpflanzen als Halt dient, die keine Haftorgane haben, mit denen sie sich auf einer relativ glatten Oberfläche (z. B. einer Hauswand) verankern können. Hierzu werden die Haupttriebe locker mit einem weichen Material (z. B. Bast) am Spalier angebunden oder durch die Maschen geflochten. Achten Sie dabei vor allem auf eine seitliche, fächerförmige Ausbreitung.

→ Stützen

Sprühen

Das Zerstäuben und Versprühen von Wasser auf dem Laub von Pflanzen zur Erhöhung der umgebenden Luftfeuchtigkeit. Diese Pflegemaßnahme ist vor allem im Sommer sinnvoll, wenn es zugleich heiß und trocken ist, aber auch bei einer hohen Luftverschmutzung. Es sollte nie während der Mittagshitze gesprüht werden, da die zurückbleibenden Wassertröpfchen auf den Blättern wie Brenngläser wirken und erheblichen Schaden verursachen können. Vermeiden Sie auch das Besprühen von Blüten und abgedeckten Blättern, weil dies zu Fäulnis führen kann. Clematis und Farne profitieren ganz erheblich von dieser Pflegemaßnahme.

Staude

Diese Pflanzen bleiben im Gegensatz zu Gehölzen krautig, verholzen also nicht, leben aber ebenfalls mehrere bis viele Jahre. Mehrjährig ist dabei nicht mit winterhart gleichzusetzen, auch nicht mit wuchsfreudig oder auch nur mit widerstandsfähig. Ein alternativer Begriff ist perennierend, was wiederkehrend bedeutet und den Kern der Sache trifft. Hierzu gehören unter anderen Sonnenröschen, Heidekräuter, verschiedene Knollen- und Zwiebelpflanzen, Farne und bestimmte Gräser.

Die schönsten Stauden

Die folgenden Pflanzen mit ihrer Blüten- und/oder Blätterpracht haben einen nicht wegzudenkenden Platz in der Balkon- und Terrassengestaltung: Purpurglöckchen (*Heuchera*), Bergenien (*Bergenia*), Mädchenauge (*Coreopsis*), purpurblättriger Günsel (*Ajuga*), goldlaubiges Pfennigkraut (*Lysimachia nummularia* 'Aurea'), Primeln (*Primula*), Veilchen (*Viola*), Minzen (*Mentha* ssp.), Funkien (*Hosta*), Christrose bzw. Nieswurz (*Helleborus* ssp.) und Doppelhörnchen (*Diascia*), um nur einige zu nennen.

→ Die ersten Frühlingszwiebeln (siehe S. 68)
→ Stauden für den Balkon (siehe S. 65)

Steckling

Das Abnehmen von Stecklingen dient der Vermehrung von Pflanzen. Dazu schneidet man bestimmte Pflanzenteile ab, die unter bestimmten Bedingungen Wurzeln bilden und dann eigenständig lebensfähig sind.

Wie wird's gemacht?

Schneiden Sie ein Triebstück ab, und stecken Sie dieses in frische, durchlässige Komposterde (Stecklingserde) oder eine Mischung aus gleichen Teilen Torf und Sand. Zahlreiche winterharte bzw. frostempfindliche Pflanzen wie Pelargonien, Fuchsien und Verbenen, aber auch Oleander, Engelstrompeten und Wandelröschen reagieren darauf mit dem Austrieb von Wurzeln. Der beste Zeitpunkt für die Stecklingsvermehrung ist von Art zu Art verschieden. Günstig ist in jedem Fall jedoch das Frühjahr, wenn das Wachstum aufgrund der besseren Lichtverhältnisse stärker wird und die neue Pflanze die ganze warme Jahreszeit zur Entwicklung vor sich hat. Sie können die Stecklinge auch in einem wassergefüllten Glas bewurzeln lassen. Das gelingt z. B. bei Oleander, Begonien und Dreimasterblumen (*Tradescantia* ssp.). Damit das Wasser nicht faulig wird, wird lediglich ein Stückchen Holzkohle hinzugegeben. Haben sich dann Wurzeln gebildet, können die Pflänzchen in Erde getopft werden.

Strauch

Gehölz, das im Unterschied zum Baum keinen Hauptstamm bildet, sondern sich vom Boden aus mit mehreren gleichrangigen Haupttrieben entwickelt. Ziersträucher erfordern gemeinhin sehr wenig Pflege und leben recht lange. Viele bieten attraktive Blüten und/oder eine dekorative Belaubung. Denken Sie nicht, Sträucher hätten generell keinen Platz auf einem Balkon. Es gibt in der Tat zahlreiche klein bleibende Arten und Sorten, die sich als große Bereicherung für saisonale Bepflanzungen erweisen können. Wenn sie dann doch zu groß geworden sind, pflanzt man sie in den Garten oder in einen eigenen Kübel.

Die schönsten Ziersträucher für den Balkon

Die goldlaubige *Weigela* 'Jean's Gold' oder die purpurne 'Alexandra', Fuchsien, Lavendel, Bartblumen mit goldfarbenen Blättern, Spindelsträucher (*Euonymus* ssp.), Echter Salbei (*Salvia officinalis*), Strauchveronika (*Hebe* ssp.), Traubenheide (*Leucothoe*), Azaleen, Skimmien etc.

→ Sträucher, Rosen und Kletterpflanzen pflanzen (siehe S. 10)
→ Sträucher schneiden (siehe S. 20)

Stützen

Gut kultivierte Pflanzen werden immer größer, und wenn es sich um solche mit relativ dünnen Trieben handelt, kommt

Schneiden Sie ein 8 – 10 cm langes Stück einer Pelargonie mit 2 bis 3 Blättern an der Spitze ab. Stecken Sie dieses Stück in einen Topf mit Komposterde, die Sie feucht halten. Wenn die Blätter nicht verwelken, war die Vermehrung erfolgreich.

der Tag, an dem man ihnen beim Aufrechtstehen helfen muss. Dies sollte natürlich bereits geschehen, bevor die Pflanzen umfallen oder abbrechen. Und da es beim Verankern der Stütze im Boden schnell zu Verletzungen an den Wurzeln kommen kann, setzt man die Stütze am besten gleich beim Umtopfen mit ein. Größe und Stabilität richten sich danach, wie groß die Pflanze werden kann.
→ Spalier

Substrat
→ Erde

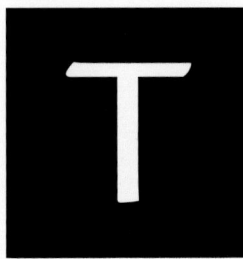

Teilen

Dies ist die einfachste Methode zum Vermehren von Pflanzen, denn dabei teilt man lediglich einen großen Wurzelballen bzw. einen ganzen Horst mit Hilfe eines geeigneten scharfen Werkzeugs (Spaten, Messer, Gartenschere). Nicht alle Pflanzen eignen sich für dieses Verfahren, aber es ist überaus praktisch für Gewächse wie Funkien, Primeln, Immergrün und andere. Die Teilstücke müssen sofort neu gepflanzt und gut angegossen werden.

Topf

Das althergebrachte Pflanzgefäß, meistens rund, zur Kultur von Pflanzen.

Welches Material?

Blumentöpfe bestehen zumeist aus gebranntem Ton oder Plastik, seltener aus anderen Materialien wie Holz oder Metall. Ton und Plastik sind zu empfehlen, wobei es heute auch Plastiktöpfe gibt, die solchen aus Ton täuschend ähnlich sehen. Plastiktöpfe sind generell einfacher sauber zu halten und leichter. Das Gewicht kann ein bedeutender Faktor bei Balkonbepflanzungen oder sehr großen Töpfen sein, die durch die Erdfüllung ohnehin schon sehr schwer werden und nur mit Mühe zu bewegen sind.

Kaufempfehlungen

Achten Sie immer darauf, dass sich im Boden eines Topfes ein, bei großen mehrere Abflusslöcher befinden, durch die überschüssiges Wasser frei ablaufen kann. Töpfe mit kleinen Sockeln sind vorteilhaft, da so ein versehentliches Blockieren der Abflusslöcher weniger wahrscheinlich ist. Wählen Sie keine zu kleinen Töpfe für Gruppenpflanzungen; hier sollten 35 cm Durchmesser die Mindestgröße darstellen. Vergewissern Sie sich unbedingt beim Verkäufer, dass Tontöpfe frostsicher sind.
→ Blütenpracht im Erdbeertopf (siehe S. 28)
→ Pflegefehler vermeiden (siehe S. 48)

Umtopfen

Bei dieser Maßnahme geht es darum, die alte Erde in einem Pflanzgefäß durch neue, nährstoffreiche zu ersetzen und der darin wachsenden Pflanze mehr Platz zu bieten. Im Allgemeinen wählt man dazu einen Topf, der etwas größer als der alte, im Höchstfall aber nicht mehr als doppelt so groß ist. Zu große Töpfe führen oft zu unerwünschten Nebeneffekten wie Schwierigkeiten bei der Gießwasserverteilung, unkontrolliertem Wurzelwachstum zulasten der oberirdischen Entwicklung etc. Nachdem die Pflanze in ihren neuen Topf umgezogen ist, muss häufiger gegossen werden, um ihr die Gewöhnung daran zu erleichtern. Zweckmäßig ist dann auch ein Rückschnitt aller Triebe und das Entfernen von Knospen und Blüten, damit die Verdunstung eingeschränkt wird.

Urlaub

Bevor Sie für mehrere Wochen in den Urlaub fahren, sollten Sie dafür sorgen, dass Sie bei Ihrer Rückkehr keine böse Überraschung erleben. Schneiden Sie sämtliche Blüten ab und die Triebe zurück. Wässern Sie reichlich, und denken Sie daran, dass das Abdecken der Erdoberfläche die Verdunstung einschränkt. Stellen Sie alle Pflanzgefäße dicht zusammen in die am besten vor Sonne geschützte Ecke. Wenn Sie viele Pflanzen zu versorgen und niemanden haben, der sich vertretungsweise um sie kümmern kann, ziehen Sie ernsthaft die Anschaffung einer programmierbaren Bewässerungsanlage in Betracht. Wenn kein direkter Wasseranschluss vorhanden ist, muss ein erhöht angebrachter Vorratsbehälter ausreichen. Um die Effizienz einer solchen Anlage einschätzen zu können, sollten Sie sie vor Ihrer Abreise mehrere Wochen lang ausprobieren, damit Sie nach dem Urlaub keine böse Überraschung erleben.
→ Ein Oleander als Urlaubsverlängerung (siehe S. 53)
→ Urlaubsvorbereitungen für den Balkon (siehe S. 45)

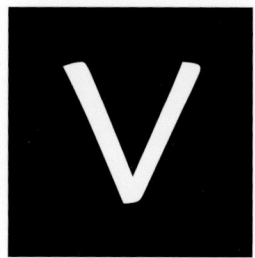

Varietät
→ Name

Vermehrung
→ Säen
→ Steckling

Wässern

Auf dem Balkon und der Terrasse kommen die folgenden Bewässerungsverfahren zum Einsatz.

- mit der Gießkanne mit oder ohne Brauseaufsatz oder dem Gartenschlauch
- mit einem fest installierten Tropfsystem
- mit einem Bewässerungssystem nach dem Schwerkraftprinzip aus einem erhöht installierten Vorratstank (verschiedene Bausätze im Fachhandel)

Wie wird optimal bewässert?

Grundsätzlich werden die Pflanzen im Wurzelbereich gegossen und nicht einfach auf die Blätter, was auch das Auftreten von Krankheiten einschränkt. Im Sommer wird gewässert, wenn es kühl ist, d. h. vor allem abends oder auch morgens, sodass möglichst wenig Wasser durch Verdunstung verloren geht. Um den Wasserverlust aus der Erde möglichst gering zu halten, kann man die Substratoberfläche in den Töpfen, Kübeln oder Balkonkästen mit dekorativem Rindenmulch, Kies, Kieselsteinen, Muschelschalen usw. abdecken. Automatische Bewässerungsanlagen sollten programmierbar sein, sodass sie auch dann wie gewünscht funktionieren, wenn Sie nicht anwesend sind.

→ Balkonpflanzen pflegen (siehe S. 14)
→ Die Kunst des Gießens (siehe S. 16)
→ Urlaubsvorbereitungen für den Balkon (siehe S. 45)

Wind

Auf einem Balkon kann es recht windig zugehen, insbesondere wenn er hoch über der Straße liegt. Es ist stets mit Böen zu rechnen, die erhebliche Schäden an Ihren Pflanzen anrichten können. Verzichten Sie hier im Zweifelsfall auf Hängekörbe, und stellen Sie keine Pflanzgefäße ungesichert auf. Am sichersten sind Verschraubungen.

Einen Windschutz aufstellen

Die meisten Pflanzen vertragen keinen anhaltenden Wind, der sie abbricht, entwurzelt oder zumindest ihre Erde austrocknet. In diesem Fall ist ein Windschutz eine gute Lösung. Wählen Sie dafür jedoch kein luftundurchlässiges Material, denn dieses wirkt einerseits wie ein Segel und verursacht andererseits Luftverwirbelungen, die unter Umständen noch viel mehr Schaden anrichten können. Wenden Sie sich am besten an einen Fachmann, beschreiben Sie diesem detailliert Ihre Situation, und lassen Sie sich geeignete Materialien empfehlen. Natürlich sind hierbei auch der ästhetische Wert und gegebenenfalls spezielle Bestimmungen im Mietvertrag zu berücksichtigen.

→ Betriebssicherheit

winterhart

So werden Pflanzen bezeichnet, denen Frost nichts ausmacht. Der Grad der Frostverträglichkeit ist jedoch sehr unterschiedlich und sollte bei Auswahl und Platzierung unbedingt bedacht werden, wenn man an der Pflanze über viele Jahre hinweg Freude haben will.

Staffelung der Winterhärte

Pflanzen, die auch schweren Frost schadlos überstehen, gelten als sehr winterhart. Solche, denen Temperaturen von bis zu −10 °C nichts ausmachen, sind gut winterhart. Als wenig winterhart gelten Gewächse, die nur Temperaturen zwischen −3 und 0 °C überstehen, und alle, die schon bei Werten um 0 °C absterben, sind frostempfindlich.

→ Frost
→ Überwinterung im Freien (siehe S. 59)
→ Wintervorbereitungen für frostempfindliche Pflanzen (siehe S. 55)

Zubehör

Zur Kultur von Pflanzen in Gefäßen werden zwangsläufig einige Werkzeuge benötigt. In den meisten Fällen handelt es sich um kleinere Ausgaben von Gerätschaften, die auch im Garten Verwendung finden.

1. Eine Handharke dient zum Auflockern der Erdoberfläche.
2. Eine Pflanzschaufel wird wie eine kleine

Schaufel verwendet, um in einem mit Erde gefüllten Pflanzgefäß Löcher zum Setzen von vorgezogenen Pflanzen oder Zwiebelpflanzen auszuheben.

3. Die Gartenschere dient zum Schneiden und Einkürzen.

4. Eine normale Haushaltsschere reicht aus, um verwelkte Blüten und Blätter abzuschneiden.

Zweijährige

Eine Pflanze, deren vollständiger Lebenszyklus sich über 2 Jahre erstreckt. Im 1. Jahr bildet sie nur Blätter aus, um dann im 2. Jahr – oft schon im Frühjahr – zu blühen und zu fruchten. Hierzu zählen Pflanzen wie Gänseblümchen (*Bellis perennis*), bestimmte Vergissmeinnicht-Arten (*Myosotis* ssp.) und Garten-Stiefmütterchen (*Viola × wittrockiana*). Sie kommen im Herbst bereits vorgezogen und auspflanzbereit in Töpfen in die Gärtnereien. Zweijährige sind für die Blütenpracht auf Balkonen und Terrassen von sehr großer Bedeutung und lassen

sich ausgezeichnet mit vielen im Frühjahr blühenden Zwiebel- und Knollenpflanzen kombinieren, so etwa mit Tulpen, Narzissen, Hyazinthen etc.

→ Gefäße bepflanzen (siehe S. 6)

Zwiebel

Unter dem Begriff Zwiebel verstehen wir hier mehrere Formen von unterirdischen Speicherorganen: Zwiebeln wie bei Schneeglöckchen, Knollen wie bei Stern-Gladiolen, die Rhizome von Maiglöckchen, die Klauen von Anemonen usw. Achten Sie beim Kauf darauf, dass die Speicherorgane fest, gesund und frei von Schädlingen sind. Meiden Sie solche Zwiebeln, die in ihrer Verpackung bereits stark ausgetrieben haben. Beim Setzen sind die Angaben zur richtigen Pflanztiefe auf der Verpackung zu beachten.

Zwiebeln und Jahreszeiten

Im Frühjahr blühende Zwiebelpflanzen werden im Herbst gesetzt, im Sommer blühende im Frühjahr. Zur 1. Gruppe ge-

hören z.B. Tulpen, Narzissen, Traubenhyazinthen, Hyazinthen und Krokusse, während zur 2. Gruppe beispielsweise Dahlien, Blumenrohr und Schopflilien zählen.

Pflegebedingungen

Allgemein gilt, dass Zwiebeln keine sehr feuchte Umgebung vertragen, da sie dort faulen würden. Daher ist eine gute Drainierung ihrer Pflanzgefäße von großer Bedeutung, vor allem bei solchen, die im Winter Regen abbekommen oder bei denen die Gefahr des Durchfrierens besteht.

→ Die ersten Frühlingszwiebeln (siehe S. 68)

→ Prächtige Sommerzwiebeln (siehe S. 43)

→ Zwiebeln für das nächste Frühjahr (siehe S. 58)

→ Zwiebelblumen pflanzen (siehe S. 8)

 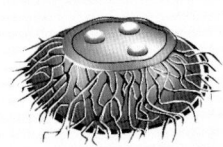 

Von links nach rechts: Tulpenzwiebeln werden mit der Spitze nach oben und der stumpfen Seite nach unten gepflanzt, die Knollen von Begonien so, dass die hohle Seite (auf der Augen zu erkennen sind) nach oben und die Wurzeln nach unten weisen. Dahlienknollen kommen ebenfalls so in die Erde, dass die Augen oben und die Wurzeln unten liegen.

Register

BILDNACHWEIS

Fotos

Die Fotos für dieses Buch wurden von Philippe Ferret (72, 73, 74, 75, 76, 77, 78, 79, 80, 81, 82, 83, 84, 87, 89, 90, 91, 92, 93, 94, 95, 96, 97) sowie der Bildagentur MAP/Mise au point (ZAC des Aunettes, D27-10, Boulevard Louise-Michel, F-91030 Evry Cedex, Frankreich) zur Verfügung gestellt und stammen von:

A. & M. Breuil: 65
A. Descat: 26, 32, 33, 36, 49, 50, 60, 63, 81
F. Didillon: 75
Globe Planter: 78
F. Lamarque: 54
N. & P. Mioulane: 34, 35, 38, 39, 40, 46, 48, 49, 54, 55, 65, 85, 87, 91, 97
C. Nichols: 63, 64, 65, 94
Noun et Gaëlle: 32
S. Schall: 53
F. Strauss: 28, 29, 30, 31, 35, 40, 41, 42, 43, 44, 45, 47, 48, 49, 52, 53, 54, 56, 57, 58, 59, 62, 65, 66, 67, 68, 79, 83, 85, 86, 88, 89, 90, 96

Zeichnungen

Archiv Larousse: 69;
François Crozat: 69;
Jean-Marc Pariselle: 69;
Alain Rolland: 69
Sylvie Rochart: 7, 9, 11, 13, 15, 17, 19, 21, 108, 110

Impressum

ISBN 978-3-8094-2594-6

© der deutschen Erstausgabe 2010 by Bassermann Verlag, einem Unternehmen
der Verlagsgruppe Random House GmbH, 81673 München

© der französischen Originalausgabe: Larousse 2007
Originaltitel: Les Petits Truffaut – Balcons fleuris

Umschlaggestaltung: Atelier Versen, Bad Aibling
Übersetzung: Herprint international CC, Thomas Ulber, Bredell, Südafrika
Grafische Gestaltung: Jean-Yves Grall
Gesamtproducing: berliner buch.macher
Herstellung: Sonja Storz

Die Ratschläge und Informationen in diesem Buch sind von Autor und Verlag sorgfältig erwogen und geprüft,
dennoch kann eine Garantie nicht übernommen werden. Eine Haftung des Autors bzw. des Verlags und
seiner Beauftragten für Personen-, Sach- und Vermögensschäden ist ausgeschlossen.

Druck: TIEN WAH PRESS, Singapur
Printed and bound in Singapore

817 2635 4453 6271